東大生が捨てた勉強法

なぜ彼らは「あのやり方」をやめたのか

東大家庭教師友の会 編著

PHP文庫

○本表紙図柄＝ロゼッタ・ストーン（大英博物館蔵）
○本表紙デザイン＋紋章＝上田晃郷

はじめに

日本における最高学府の最高峰、東京大学。超難関試験を突破し、見事この大学の門をくぐり抜けた東大生たちは、〝勉強の達人〟といっていいだろう。そんな勉強の達人たる東大生たちはそれぞれ、自身が選んだ勉強法でもって東大合格を果たしている。そして、彼らに話を聞いてみると、実はそうした勉強法は、「捨てた勉強法」があった上で行き着いたやり方であることが多いのだ。

そこで、彼らが実際に取り組んだ末に何らかの理由で「捨てた勉強法」と、その上で行き着いた「おすすめの勉強法」を、本書で紹介したい。

東大生たちが実践し、彼らの判断で捨てた勉強法には、見切りをつけるだけの理由がある。と、同時に、ひとつの勉強法を捨てたことで行き着いた勉強法には、あるレベルを超えた効果が期待できるはずだ。

彼らの捨てた勉強法とその上で選んだ勉強法を知り、自分に最も合った勉強法を探る手だてにしていただければ幸いだ。

東大家庭教師友の会

東大生が捨てた勉強法◎目次

第4章 定番手法の一歩先行く！ 東大生の「ユニーク勉強法」

第5章 使い方次第で成果倍増！ 東大生の「教材活用戦略」

第6章 上手にモチベーション維持！ 東大生の「勉強を続けるコツ」

第1章

〝効果〟を徹底追求！

東大生の「記憶テク」

シャドウイングの効果を疑問視

声に出すやり方から書きなぐる暗記法へ

長沢卓・文科2類2年

英語の暗記法で「シャドウイング」という手法がある。英語の音声を聞き、それを追うように自分の口でそのまま発音して覚えていくやり方で、暗記目的のほかに、受験のリスニング対策としても有効とされている。

しかし、長沢卓さんはこのやり方には否定的な考えだ。

「耳で聞き、口で発音するだけでは覚えられないし、あまり意味がないと思う。リスニング対策というなら、耳で聞いて頭の中で意味を思い浮かべる方がいいでしょう。声に出す必要はないと思います。声に出して発音するだけでは、頭にも残らないし、そもそも声に出すのって、ちょっと面倒くさいですよね（苦笑）。少なくとも、僕はこのやり方で暗記はできない、と思いました」

と、長沢さんはいう。

では、「シャドウイングや、声に出して英語を暗記するやり方はＮＧ」という長沢さんは、どのように暗記勉強をこなしてきたのだろうか。

書きなぐる楽しさと捨てる爽快感

長沢さんが採っていた暗記法は、ちょっと独特だ。

「英語に限らず、暗記するときはＢ５のコピー用紙に書いて、覚えていました。その際、コピー用紙を何枚も使い、大きい文字で書きなぐるように、覚えたい事柄を何回も書いて、暗記していきました」

この手法は、〝用紙を何枚も使って書きなぐるように〟暗記するという点がポイントのようで、

「用紙を無駄づかいするようなノリで大胆にデカデカと書きなぐると、ちょっと気持ちよくて、ストレスを発散しているような気分になるんですよ。書き味のいいペンでサラサラとリズムよく書いていくと、何となく楽しくなってくる。大きい文字で書くから、記憶により強く焼きつく感じがしますし。紙がもったいないような気もするけど、それでちゃんと暗記できるなら、用紙代なんて微々たる金額ですから」

また、書きなぐったその紙は、暗記がすんだらその場で捨てていたのだそう。

「**デカデカと気持ちよく用紙に書き、暗記勉強がひと通り終わったら、全部まとめてごみ箱に捨てちゃう。**この瞬間が、〝やり遂げた！〟という何ともいえない爽快感がありましたね。単調な暗記勉強をする上での、ちょっとした楽しみになっていました」

と、長沢さんは話す。

暗記したい事柄を用紙何枚も使って書きなぐり、その後はすべて捨ててしまうという彼のこのやり方はちょっと独特だが、さらに驚かされるのは、彼が暗記勉強をするのにかけていた時間の長さ。いざ、暗記モノに取り組もうと思ったら、彼は何と6～7時間をかけて一気にこなしていったというのだ。

「昔から集中力には自信があるんですよ。途中で10分程度の休憩は何度か挟みますが、6～7時間ぐらいは集中して勉強し続けられます。それに暗記モノは、やるからには一気にやった方がいい。〝どんどん頭に入っている〟という実感がわいて、次のやる気につながりますから。なので、**〝よし、今日は暗記だ〟と思ったら、気合を入れて6～7時間をすべて暗記勉強に費やしていました**」。

また、この6～7時間の暗記勉強で使われるコピー用紙は、実に30枚以上に上ったという。

「サラサラと書きなぐって用紙をどんどん重ねていき、思い切りよくどっさりと捨てる。このメリハリが、長時間取り組めたひとつのコツになっていたのかもしれませんね」

と、彼は語っている。

暗記というのは単調な作業だ。この作業を飽きずに根気よく続けるにはやはり、ある種のメリハリが必要になってくる。そして、長沢さんのこのやり方には、書いているときの〝ちょっとした楽しさ〟と、暗記が終わって用紙を捨てるときの〝爽快感〟という、単調な作業の中にもメリハリをつける要素がある。

そう考えると、彼のこの手法は、暗記法としてはなかなかスグれた手法といえるのではないだろうか。

赤シートを賢く活用する手法へ

マーカーで目立たせるのでは記憶の印象が薄い

坂本藍子・文科1類2年

赤シートは、緑マーカーが塗られた部分や、赤ペンで書かれた文字を隠して暗記を進めていく、定番の勉強アイテムだ。覚えたい部分がピンポイントで隠せるため暗記しやすいとして、好んで使っていたという東大生はやはり多い。反面、「隠した部分しか覚えられない」「赤シートを使うことを考えると、ノートを取る際に頻繁に色ペンに持ち換えて書かなければならないのがわずらわしい」として、このアイテムを否定する声もまた多いようだ。

坂本藍子さんは〝赤シート愛好〟派だが、それ以前は参考書の要点に色ペンで線を引きながら、暗記勉強をしていたという。

「**参考書で覚えたい箇所に色ペンで線を引いて暗記をしていたのですが、どうも頭に入ってきづらかった。**マーカーや色ペンで目立たせるだけでは、記憶する上での取っかかりとしては薄いというか……私にとっては、たとえ色線を引いても、やっ

ぱりただ文字がズラズラと並んでいるだけに見えて、覚えづらかったんです」

と、坂本さん。これでは色ペンを使う意味がない、と考えてこのやり方はやめ、赤シートを試してみることにしたという。

赤シートで隠しながら逆の質問も意識

「ノートにまとめる際に覚えたい部分を赤ペンで書き、それを赤シートで隠しながら暗記をしてみたところ、色ペンを引くのと違って頭に入ってきやすかった。見えている部分と隠れている部分がはっきり分かれているのが、一種の目印のようになるのか、記憶に残りやすいんです」

と、坂本さんは話すが、一方で〝赤シート否定〟派が上げる欠点も、実際に強く感じたという。

「初めは、赤ペンで書かれている部分を隠してそれを答えてみたりと、隠されている部分だけをそのまま暗記していくやり方を採っていました。でも、**それでは反対の質問に対応できないことに気づいた。例えば、エジプトの首都はカイロ、というのは答えられても、〝カイロはどこの国の首都？〟という質問には答えられない。**

そこで、赤シートで隠しながらも、その部分を暗記するときは、逆の質問も頭の中で意識するようにしました」。

彼女は、赤ペンで書かれた事柄を暗記する際、それを見ながらほかの記述もスラスラと答えられるか、常に頭の中でイメージしたそうだ。

そして、このやり方は暗記する上でも思わぬよい効果をもたらしたようで、彼女いわく

「逆の質問も意識してみることで、赤ペンで書かれた事柄との因果関係がしっかりと理解できました。隠しているところを覚えるつもりでやりながらも、それにつながる記述の内容が自然と頭に入ったように思いますよ」

ということだ。

赤シート用にノートをまとめる時点で勉強効果が

さて、こうして赤シートを活用していった坂本さんだが、

「赤シートを使うといっても、覚えるべき事柄がすでに赤字で書かれているような赤シート付属の暗記用参考書などは、私はあまりおすすめしません。といっても、

英単語集や英文暗記用のものは、これはまた話が別ですけどね。ただ、社会教科や物理、地学といった教科は、既存の赤シート付き参考書はダメです」

と断言する。彼女によると

「赤シートを使った勉強法は、〝赤シートを使うことを想定してノートをまとめる〟過程こそが、実はポイントになっています。この過程を飛ばして、赤シート専用の参考書を使っても、意味がないと思いますよ」

とのことで、〝赤シートを使うためのノートを自分で作る〟準備段階こそが、の ちの勉強に効いてくるのだという。

「〝どの部分を隠そうかな〟と考えながら書くのは、自分が問題を作る視点に立つということですから。普通にノートをまとめていくのと、〝この内容の要点はここだから、隠すのならこの部分だろう〟と考えながら書くのとでは、理解度がまったく変わってくると思いますよ」

と、彼女は話している。

学生の間では賛否両論の〝赤シート〟。しかし、坂本さんのように上手に活用すれば、極めて有力な勉強アイテムになる、というわけだ。

理想の教材がなければ自分で作る

自分好みの参考書が見つからないときには

伊藤香里・文科2類2年

受験用の参考書や資料集は現在、数多く市販されている。基礎だけがシンプルにまとめられているものや、ポイントがカラフルに色分けされているもの、用語だけをまとめたものなど、実にさまざまな種類があり、各自の好みや勉強のやり方に合わせて選べるようになっている。

とはいえ、人の好みというのは千差万別で、すべての面において自分のイメージにぴったり合った〝理想の参考書〟というのは、なかなか見つからないのではないだろうか。それゆえ、多くの学生たちは「理想の参考書」のイメージに比較的近い参考書を使うか、あるいは参考書は捨て、自作のノートなどを使う手法を採っているはずだ。

伊藤香里さんも、市販参考書に次のような不満を感じていたそうだ。

「世界史の教科なんですが、教科書や参考書の記述だと、ギリシア・ローマの歴史がこのページに書いてあるのに、同じ時代の中国の歴史は遠く離れた別のページに載っている、といった具合に、それぞれの時代における世界全体の流れ、というのが把握しづらいんですよ。これをすっきり見せる参考書が欲しかったんですが、見つからなかった」

という。そこで彼女は、参考書を読み進める上での補助的な資料として年表を使おうと思ったのだが、自分がイメージするところの〝理想の年表〟もまた、見つからず、思い切って自分で作ることにしたそうだ。

「時代ごとに世界各国の流れが色分けされていて、見ただけで各国の時系列がすっきり一致するような、そういう年表が欲しかった。それも、**例えば黄河文明は黄色、冷戦期は水色といった具合に、時代ごとにテーマカラーで色分けされている年表が理想でした。でも、自分の理想の年表なんて見つからないだろうし、と思って、作っちゃいました**」

と、伊藤さんはいう。

それぞれの時代がテーマカラーに分けられ、そして同じ時期の各国の流れがひと目でわかる、彼女の〝理想の年表〟を作るのに費やした期間は、約2週間とか。

「思い切って作って良かったですよ。参考書を勉強するのに、本当に役立ちましたから」

と、彼女は語っている。

市販参考書を勉強していて、「この参考書のこういう部分はわかりづらい」とか、「あんな資料があると良いのに」と感じることは、誰しもあるだろう。そんなときは、ガマンして使い続けるのではなく、不満を補うような「理想の補助資料」を自分で作ってみるのも、ひとつの賢い選択というわけだ。

こんな勉強法も効果あり!①

☆授業で取ったノートの要点のみを何回も模写(3年・女性)
授業で取ったノートをもう一度、自分の手で書くことで覚えていた。その際、ノートの内容を全部写したり、きれいにまとめ直したりするのは時間も手間もかかるので、内容を目で追いながら要点やキーワードのみをメモするように、書き写していた。こうすることで、キーワードがしっかりと印象づく。色ペンを使うと、より強く頭に焼きつき、楽しい気分にもなるのでおすすめ。

☆ノートや参考書の縮小コピーをいつもポケットに入れておく(4年・女性)
ノートや参考書などを縮小コピーし、いつもポケットに忍ばせておいた。ほんの数分の空き時間でも、サッと目を通すことができる。数分程度なら、一日の中で空き時間というのは、実は結構転がっている。

☆自分なりに「面白い」「すごい」と思えそうな要素を無理やりにでも見つけ出す(3年・女性)

社会系の教科は、内容から少しでも興味を持てそうな要素を何とか見つけ出す。その際、「うん、これは面白い!」と口に出してみると、暗示効果もあって、そんな気分になってくる。多少無理やりでも、「面白いかも」と思えたのなら興味を持って取り組むことができるし、頭にも入りやすい。

☆好きな教科を一つでも作っておく(4年・女性)

東大受験の必須教科は多いのだから、何か一つぐらいは好きな教科があるはず。その教科は徹底してやり、大好きな得意教科にしておくと、ほかの教科を勉強している合間の〝息抜き勉強〟に充てることができる。

☆英単語は語源を調べて暗記(3年・男性)

英単語は、分解して語源をさかのぼって暗記していた。自分の知っている事柄とちょっとつながったり、意外な語源があると、それだけで印象に残りやすく、自然と暗記できる。

ノート＋参考書の併用ワザ

自分の手では見やすいまとめノートは作れない

平田俊彦・理科１類２年

授業で取ったノートや参考書の内容を別のノートにまとめる「まとめノート」は、自分なりに整理ができるため、頭に入ってきやすい。ノートを作る手間と時間を厭わないのであれば、特に復習する際にはやはり自作のまとめノートが一番、という声もよく聞くところだ。

しかし、平田俊彦さんは、「ノートを上手にまとめられる人ならいいけど、僕はダメでした」として、まとめノートの勉強法を捨てたそうだ。

「僕も以前は、自分でノートにまとめて勉強していた時期がありました。でも、**結局自分ではそんなに見やすいノートは作れないし、手間と時間をかけた割には参考書の方がずっとわかりやすかった（苦笑）。それで、まとめノートはやめたんです**」。

また、彼の考えとしては、授業で取るノート自体にも否定的で、

「授業内容は聞いたその場で覚えちゃえばいいから、別にわざわざノートを取る必要はない、と思っていました。それに、授業で取ったノートを元に勉強するのは、何だか抜けがあるような気がして。やはり、**きちんとした形でまとめられた参考書を中心に進めた方がいい。それなら、授業ノートやそれをまとめ直したノートは、いらないいんじゃないかな、と思います**」

と語っている。

では、彼は具体的にどのような勉強法を採っていたのだろうか。そのやり方を、聞いていくとしよう。

キーワードをノートに書き出して整理

平田さんの勉強法の基本的なスタイルは**「ノートと参考書の併用」**。授業ノートやまとめノートに対しては否定的だが、頭の中を整理するためにノートに書き出すことはしていたという。

「勉強を進めるなかで、知識を整理する過程と覚える過程とに分けたかったんです。そこで、**まずは参考書を読みながら、キーワードをピックアップして大まかな**

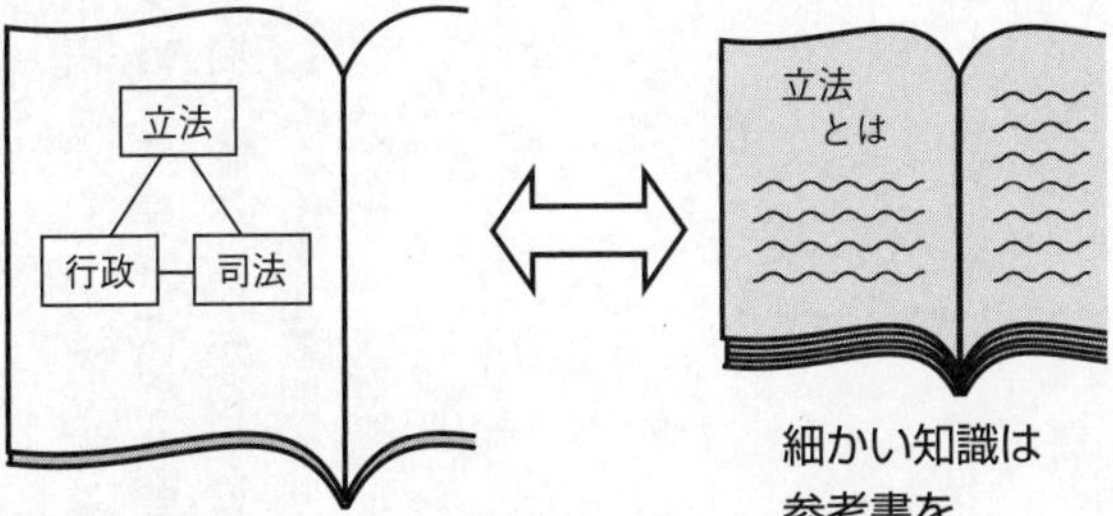

ノートには
キーワードと大まかな流れ
だけを書いて整理

細かい知識は
参考書を
見て確認

流れをノートに書き出して整理しました。その上で、細かい事柄については参考書を通じてしっかり暗記していく、という流れです」

確かにこの手法ならノートに書き出す手間も最小限ですむし、何より内容を頭の中で整理しやすい。

「復習する際は、ノートに書かれたキーワードを見て、それに関連する細かい内容を頭の中で思い浮かべてみる。そして、知識があやふやだな、と思ったら、その都度参考書を引いて内容を確認する。そんな風にしていましたが、すっきりと頭に入ったし、効果が高いやり方だと自負しています」

と、平田さんは話している。

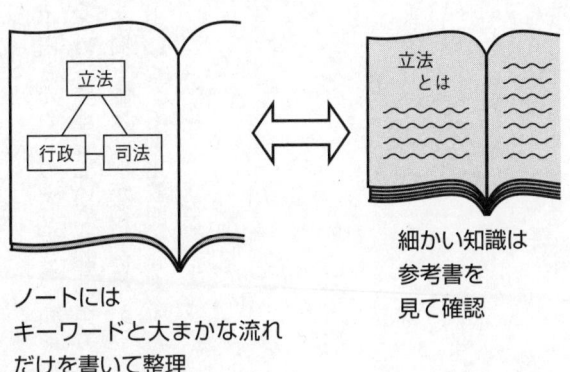

平田さんのこのやり方は、知識が網羅されている参考書を使う勉強と、ノートにまとめて整理していく勉強の両方のメリットを兼ね備えている上、ノートに書き出す手間もさほどかからずにすむ。

誰にとっても比較的やりやすい、スグれた勉強法といえそうだ。

興味が持てれば記憶に焼きつく

予習はせずに初めて聞く授業内容の面白さを

多田伸一・理科1類2年

　東大生の中高時代の話を聞くと、やはり授業を受ける前にはきちんと予習をしていた、という学生が多いようだ。予習をするメリットとしては、「事前に予習をしていくと、理解がしやすい」「〝ここは先生の説明を集中して聞く必要がある〟といった部分が浮き彫りになるので、授業を聞く姿勢にメリハリがつけやすい」といった意見が、予習派の学生たちから聞かれた。

　一方、〝予習は必要ない〟という東大生も少なからず存在する。そうした学生たちからは、「授業で聞いて復習もするのだから、時間の無駄」「予習に時間をかけるよりも復習に時間をかけるべき」といった声が上がっていた。

　さて、多田伸一さんは、〝予習は必要ない〟派のひとりだ。そして、彼が予習を否定する理由が興味深い。それは次の通りだ。

「物事を理解するのには、初めて聞くときの感動や面白さが重要、というのが僕の

考えです。面白い話を初めて聞いたら、結構頭に残るじゃないですか。それと同じで、初めて聞いた事柄を〝面白い〟と感じたり、強く興味を持つことができたら、自然と頭に入ってくるはず。要は、初めて触れる知識に対して、どれだけ興味を持てるか、どれだけ集中して内容を聞けるかが、勉強をする上でのポイントになってくるんじゃないかな、と思います。**初めて聞いた知識に強く興味が持てれば、記憶にも強く定着する。そんな考えから、敢えて予習はせず、授業で新しい知識を聞いて、なるべく面白いと思うように意識していました。**予習をすると、どうしても〝一度聞いたこと〟と思って、興味を持ちづらいですから」。

つまり、初めて触れた知識を面白いと思えれば、苦労して頭にたたき込もうとしなくても自然と頭に入ってくる。〝授業で初めて聞き、興味を持つ〟ためにも、敢えて予習はしない、というわけだ。

多少、理想論のようにも感じるが、それでも〝知識に初めて触れることの面白さ〟を意識して勉強するというのは、正しい考え方である。そして、受験勉強を進める上での、何らかのヒントにつながる話といえるのではないだろうか。

書き出して見て最後に捨てて暗記

目で見るだけでは覚えた気になっているだけ

奥村大輔・教育学部3年

12ページで登場した長沢卓さんと同様、コピー用紙を何枚も使って覚えたい事柄を書き込み、一日の終わりに一気に捨てる、という勉強法を採っていたのが奥村大輔さんだ。ただし、「何時間もかけて大量の用紙に書き、ガンガン暗記していった」という長沢さんに対して、奥村さんの場合はもう少しラフな勉強法のようだ。

もともと彼は、教科書や参考書を読み、大事な部分にはマーカーを引いて暗記していたそうだが、**「目で見て暗記するのでは覚えた気になっているだけで、きちんと理解できていない」**と感じることが多かったという。

「暗記するにはやはり、どこかで一度手で書くという作業を入れないとダメだ、と思ったんです。ただインプットするだけでは足りず、アウトプットしてそれを目で確認する作業をはさまないと、しっかりと理解できない、と。実際、やってみると書く作業は手が疲れるししんどいけど、何回も見て覚えるよりは、回数が少なくて

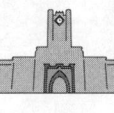

すみます。記憶への定着もやはり、書く作業をはさむと格段にいい、と思いましたよ」

と、奥村さんは話している。

文章にして書き出すのが暗記の秘訣

「暗記するのなら、一度は書く作業を入れた方がいい」と考えた奥村さんが採った勉強法は、次の通りだ。

「A4のコピー用紙を常に持ち歩くようにし、その用紙に学校の授業や塾の講義、参考書の内容など、その日に勉強したことで〝これは頭に入れておきたいな〟というものはすべて書き出すようにしていました。それを夜に見直して頭に入れてから、全部ごみ箱に捨てるんです」。

彼によると、英文や数学の解法のポイント、あるいは日本史の重要内容まで、その日に勉強して「覚えておいた方がいい」と思った事柄をすべて、コピー用紙にサラサラと走り書きしていたのだそう。

「あとで復習するために整理して書くのではなく、あくまでも内容をその場で頭に入れるために、紙に書き出すんです。用紙に書かれた内容は、本当に走り書きのメモといった感じで、その日に勉強して覚えておきたい事柄が、教科を問わず雑多に散らばっている感じになっていた。これを、改めて夜寝る前に見直して、再度記憶に定着させていました」

という。

また、用紙に書く際は**「なるべく文章にして書く」**というのもポイントで、

「用語をただ並べて暗記するだけでは、本当に理解したことにはならない、と思ったんです。内容を根本から理解するには、やはり自分の言葉で文章化する必要がある、と。それに、目で見て耳で聞いた事柄を一度、文章に起こして書き出すことで、記憶にしっかりと焼きつきますから」

と、彼は語る。

勉強したことが可視化できるとモチベーションがUP

さて、その日に勉強した重要内容を書き出した用紙だが、一日の終わりにざっと見直して暗記できているかひと通り確認したら、あとはごみ箱に捨ててしまうとい

う。彼によると、これは予備校のある先生からのアドバイスによるところが大きいのだとか。何でもその先生から、**「勉強したことが可視化できると、モチベーションが維持できる」**とのアドバイスを受けたそうで、

「その日一日に覚えた事柄が書かれた用紙がどっさりと重なっているのを目で確認し、それを捨てることで、〝今日もこれだけ頑張った〟〝さあ、今日の勉強は終わりだ〟と実感したかったんです。その先生が言っていたように、自分が頑張ったことが実感できると、やはり翌日のやる気につながりますから」

と、彼はいう。

一日に勉強した内容をこまめに用紙に書き出して暗記を進め、寝る前に確認して記憶に定着させる。その後は、思い切りよく捨てて翌日のやる気を養う、というわけで、何とも潔い勉強法である。

モヤモヤ気になることで強く印象づく

わからない英単語は辞書で調べない

高島勇樹・理科1類2年

英単語の暗記で、覚えたはずの単語の意味がどうしても思い出せない、ということは誰しもあるはずだ。そんなときは、辞書などですぐに調べ、改めてしっかりと暗記し直す、というのが一般的な手法だろう。しかし、高島勇樹さんのやり方は一風変わっている。こんなやり方も、参考にしてみてほしい。

「英文などを読んでいて、覚えたはずなのに意味が出てこない単語に当たったら、僕は敢えてそのままにして一晩置くようにしています。**〝何だったっけ？〟とモヤモヤして気になる分、頭に強く印象づくんですよ。時間を置くと不意に思い出したりすることも多く、そうやって思い出した単語は不思議とその後、忘れることがありません。**脳の神秘ですね（笑）。一晩置いても思い出せなかったとしても、その後調べれば、それからは〝あの時、ずっとモヤモヤと気になっていた単語だ〟と、これも結構記憶に焼きつきやすいんです。ぜひ試してみてください」。

書いて暗記 VS 書かずに暗記

「暗記＝勉強」といってもよいほど、暗記学習は勉強する上で何より重要だ。英単語や古文単語、数式、化学式、歴史の流れや人名等、頭にたたき込むのにはさまざまな手法があるが、〝書いて暗記〟と〝書かずに暗記〟の大きく2つに分けることができる。

今回、東大生約150人を対象に調査を行ったところ、〝書いて暗記〟派は全体の約60％、〝書かずに暗記〟派は約40％という結果になっている。

彼らの声を拾ってみると、「書いて暗記」派は「見ているだけでは、〝覚えた気〟になっているだけで、上っすべりな記憶になってしまう」「書いて試してみないと、覚えられたかどうかがわからない」「知識を見てインプットするだけでなく、アウトプットする作業をどこかではさまないと、記憶は定着しない」「目で見て暗記するのでは、何十回と繰り返し見なくてはならない。書いて暗記すれば、書く労力は多少かかるけど1～2回で覚えられるので、長い目で見れば効率的」「一度手で書く作業を入れないと、試験のときにも書けないと思う」といった意見が上がっている。

一方の「書かずに暗記」派は、「書いて暗記するのでは、手が疲れて何回も繰り返すことができない。暗記はやはり何度も繰り返した方がいい」「書いて暗記する場合、机の前でしかできない。見て暗記するのならどこででもできるので、空き時間を有効に活用できる」「書くのは手が疲れるから、やる気が起きない。イヤイヤ取り組む30分よりも、自分に合ったやり方を90分やる方がストレスは少ない」といった意見が見られた。

そして、全般的な傾向としては、〝書いて暗記〟派は「その時々でしっかりと完璧に暗記していきたい」といった考え方寄りで、〝書かずに暗記〟派は、「とにかく進めてみて、覚えきれていなくても後でまた覚えればよい」という考えを持っている者が多かった印象だ。

結論：その時々が多少大変でも、着実に暗記を進めていきたいタイプは「書いて暗記」を、すき間時間などを使ってスピーディーにとにかく先に進めていきたいというタイプは「書かずに暗記」が向いているといえそうだ。

試行錯誤してベストの手法を知る

最適な勉強法かわからないまま続けるべからず

島田美咲・教養学部3年

今、採っている勉強法が自分にとって一番合っているものなのか深く考えず、何となく勉強を進めている、という人は実は多いのではないだろうか。

島田美咲さんは、王道とされるやり方で暗記をしてきたが、「これは自分に合った勉強法ではないかもしれない」と考え、手法をガラリと変えた経験を持つ。

「高校1年生ぐらいまでは〝暗記は手で書いて覚えるもの〟と思い込んでいて、英単語などでも紙に10回ぐらい書いて暗記していました。でも、手は疲れるし、時間もかかり過ぎる。〝もっといいやり方があるんじゃないかな〟とか、〝みんなやっているし、根気強く書いていくのが大事〟と、迷いが出てしまった。そんなことから、確信の持てない勉強法でこのまま進めるよりも、まずは自分に一番しっくり行くやり方を見つけてみようと思い立ち、いろいろ試してみることにしたんです」

という。早速、彼女は自分に合ったより効率的なやり方を見つけようと、紙に書く回数を半分の5回に減らしてみたり、手で書かずに隠して覚えてみたり、また、暗記を繰り返す間隔も1日、3日、1週間置きといった具合に、実にさまざまな試行錯誤を繰り返してみたそうだ。

「そうしたところ、**私の場合、まず紙にひたすら書くよりも、脳に刻みつけるようにじっくり見て暗記する方が向いていた。また、その回数も、1日目に何度か見たあとは、3日後に一度、そして1週間後にもう一度繰り返して見直す、というサイクルが最も効率よく、しっかりと暗記できる、ということがわかりました。**あとはこの基準に則って、暗記を進めていくようにした。いろいろ試してみた末の判断だから、自信を持ってこのやり方で勉強を進められましたね」

と、彼女は語っている。

「このやり方が王道だから」とか、あるいは「先生にすすめられたから」として自分に合う勉強法について深く考えることなく、何となく勉強を続けているという人が、実はほとんどかもしれない。しかし、「どうも効果が上がらない」「しっくり来ない」と少しでも感じたら、島田さんのように、多少回り道してでもいろいろなやり方を試し、最善の手段をまずは見つけてみるのも悪くないはずだ。

日付を添えて弱点をルーズリーフに書き出す

マーカーを引くのではインパクトが薄い

岡部翔・農学部4年

何度復習しても間違えてしまったり、妙に覚えづらくてどうしても頭に入ってこない、自分にとっての弱点というのは誰しもあるはずだ。

こうした弱点を克服するのに岡部翔さんは当初、参考書などにマーカーを引いて重点的に見直していたそうだが、このやり方では思っていたほどの効果が上がらなかったという。

「参考書にマーカーを引いているだけでは、どうもインパクトに欠けるというか、ほかの内容と同列で見てしまうので、何度見ても思ったほどには記憶に焼きつかなかった。それに、参考書にマーカーが引いてあるだけでは、自分からそのページをめくらない限り、見ないんですよね（苦笑）。それよりも、もっと積極的に攻めていくやり方にしないとまずいだろう、と思ったんです。やっぱり弱点は、定期的に見直す必要がありますから」

と、岡部さんはいう。

バラバラの弱点内容が書かれたルーズリーフの効果

そこで岡部さんはまず、問題集や模試を解いたり、あるいは塾の講義を聞いたなかで、自分が間違えたところや、何度も引っかかってしまう部分、あるいは覚えづらい用語や要点などを見つけるたびに、ルーズリーフに書き込んでいったという。

「自分の弱点を見つけるたびに、ルーズリーフに書き出していきました。ルーズリーフは教科ごとに分けて、順番に書き足していく形式です。これを、定期的に復習するようにしました」

とのこと。しかし、問題集や模試、塾の講義など、いろいろなところから日々、弱点のみをピックアップして書き出すのだから、ルーズリーフに記載される内容はさまざまな事柄が散らばっている状態になるはずだ。これでは順を追って復習していく、というわけにもいかず、少々やりづらいのではないだろうか。

そんな疑問に対し、彼はこう答える。

「確かに、いろいろなところからその都度、弱点のみをピックアップするのだから、内容はバラバラでしたよ。でも、毎日こなす勉強とは別に、弱点だけを浮き彫りにして、そこを強化する勉強も進めていきたかったので、それで良かったんです。むしろ、**あっちこっちといろんな内容からランダムにピックアップされている方が、試験に向けての弱点強化という点では、効果が高いと思った。**本番の試験も、いろんな内容がランダムに出題されるわけですから」。

日付を書き添えることで積極的に復習を

さて、こうして岡部さんはさまざまなところからランダムに弱点をピックアップし、ルーズリーフに書き込んでいったのだが、その際、日付も書き添えるようにしていたのだとか。これにはもちろん、理由がある。

「その日の日付を書き加えたら、それぞれ1週間後、2週間後、1カ月後と、時期を決めて、定期的に復習していきました。**日付を入れることで、弱点の復習を日課のように、計画的にこなしていくようにしたんです。**弱点をただ書き出しただけでは、なかなか自分から積極的に復習しようという気にはなれませんから」

ということだ。

そして、最後の1カ月後の復習の段階で、その内容をきちんと覚えているか、理解できているかを、改めて自分の中で確認していたのだそう。

「1カ月後の復習段階でもまだ怪しいようだったら、そのページは抜き出して、また1週間後、2週間後、1カ月後と、再度見直していくわけです。ノートではなく、自由に入れ換えることができるルーズリーフにしたのは、このためです。こうして、弱点の補強を進めていきました」

と、岡部さんは説明する。

なかなか頭に入りづらかったり、どうしても間違えてしまうポイントというのは誰にでもあるものだ。こうした弱点は、岡部さん自身が語っていたように、やはり自ら積極的に攻めていく必要がある。彼のこの手法のように、弱点を計画的に見直していくことができれば、それはかなり有効な試験対策となり得るはずだ。

明らかに間違えた単語のみ暗記

赤シートは融通がきかないのでNG

近藤環・法学部4年

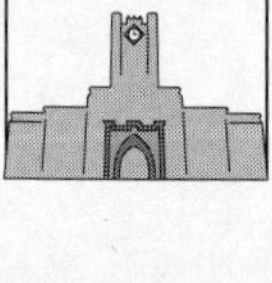

英単語を暗記する際、市販の英単語帳を使って1語1語覚えていくというのが一般的なやり方といえる。しかし、数多くの東大生たちに話を聞いたところでは、英語長文を読んでいくなかで、知らない英単語をピックアップして暗記する、というやり方を採っていた者も意外と多いようだ。もともと東大入試というのは、英語長文を短時間で読解する力に重きが置かれていて、英単語の語彙力よりも、知らない英単語だらけの英文を、ある程度意味の見当をつけながら、読み解いていく能力が求められている。それゆえ、こうした勉強法を採っていた学生も多いのだろう。

近藤環さんも、「英語長文の中から知らない英単語をピックアップして暗記」していたタイプだ。彼女は当初、定番の勉強アイテム、赤シートを使っていたが、次の理由からそのやり方を捨てている。

「ほんの一時期、赤シートを使っていたんですが、融通がきかないというイメージ

があるんですよね。赤シートで隠す事柄に、〝もうその意味は知ってるから、逆から出題してよ〟ってイラッときたり（苦笑）。当時は英単語に限らず、いろいろな教科を暗記するのに、赤シート用に自分で色分けしたノートを作っていたんですが、ノートに書いているときと、ある程度勉強が進んだときとでは、隠したい部分も変わってくる。でも、赤シート用にノートを作ると、その変化に対応できない。いちいち赤ペンに持ち替えてノートを書くのも、わずらわしかったですし」。

こうした赤シートの欠点を補う勉強法として、彼女が選んだ手法は次の通りだ。

重要単語ならまた必ずどこかで出てくる

英単語の暗記法として、近藤さんは前出の通り、「英語長文の中から知らない英単語をピックアップして暗記」する方法を採ることにした。

「英単語帳などで暗記をするのも、途中からやめました。そして、問題集や模試を解いているとき、出題されている英文の中のわからない単語に線を引くようにしていました。それをあとで抜き出して、リング付き単語カードに書いていた。わざわざ市販の英単語帳を使わなくても、それで十分だな、と思いましたので。あとは、その単語カードを、ちょっとした空き時間を使って見るようにしていました」

というのが彼女の勉強法だ。

しかし、この手法では、単語カードに書かれる英単語は膨大な量になってしまうのではないだろうか。

そんな疑問を口にしたところ、彼女は次のように答えている。

「英文の中から意味のわからない英単語をすべてピックアップしていたら、確かにすごい量になってしまいますよね。なので、**私はまったく見当のつかなかった単語と、明らかに間違えた意味で訳してしまった単語のみに絞って、それを抜き出すようにしていました。**英文って、意味のわからない単語があっても、ある程度は推測で読んでいきますよね。それをあとで調べ直して確認し、自分の推測での訳がそこそこ合っていた英単語については、暗記の対象にはしませんでした」。

つまり、意味が曖昧だった英単語でも、明らかに間違えて訳していない限りはOKとした、とのことだが、それではその単語を正しく覚えていることにはならない。再度目にしたときに、今度こそ間違えて訳してしまうことにもなり兼ねないのだが、そうした心配はなかったのだろうか。

「その単語をニュアンスの異なる意味で頭に入れていたとしても、それが重要な単語なら必ずまたどこかで出てきて、間違えた訳をしてしまうはずです。そうなったときに、改めて暗記すればいい。そう考えてましたから」。

こうしてピックアップした英単語をまとめた単語カードを、近藤さんは、覚えたと思ったらなるべく取っておかずに、思い切りよく捨てていたという。

「いつまでも取っておくようにすると、つい気持ちが緩んで真剣に暗記しないような気がしたので、覚えたと思ったら速攻で捨てていました。仮にそこでしっかりと覚えきれていなかったとしても、それが重要単語なら、これも先ほど言ったように、またどこかで必ず目にする機会があるはずですから」

と、彼女の考え方は一貫している。

〝試験に出る率の高い重要な事柄〟というのは、しっかりと頭に入れておいた方がいいというのは言うまでもないことだ。しかし、そうした事柄というのは、模試や問題集を通じて、何度となく目にするものでもある。そのときに暗記が不十分であっても、それが重要な事柄ならまたどこかで必ず出てくるはず。そう割り切って、ひとつの事柄に時間をかけて足踏みせず、軽やかに暗記をこなしていく潔さも、長い受験勉強を乗り越える上では必要ということだろう。

こんな勉強法も効果あり！②

☆同じ志を持つ友人と、毎朝メールで勉強計画を送り合う（2年・女性）

同じ東大を目指す友人2人と、その日の勉強予定を毎朝メールで送り合っていた。そして寝る前に、達成状況を再びメール。「ほかの2人も頑張ってるのに、自分だけ計画が達成できないのは恥ずかしい」と、励みになった。

☆一週間に1日の予備日で計画の帳尻合わせとモチベーションUP（2年・女性）

勉強計画は1週間単位で立てていた。その際、1日だけ何も計画を入れない予備日を設け、計画通りに進まなかった分はその日で消化するようにした。また、計画どおりに進んだら、その日はご褒美の休日としていた。「今週の予備日は絶対に休みたい！」とモチベーションアップにもつながった。

第2章

〝無駄〟を捨てて編み出した！

東大生の「ノートの裏ワザ」

問題集を解くだけではできない問題はいつも一緒

ノートに問題を貼りつけて分析

野沢有希子・法学部2類4年

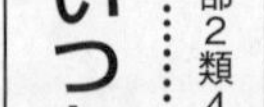

受験に向けた勉強の進め方にはさまざまなやり方がある。

教科書をじっくり読んで理解する手法や、シンプルに整理された参考書の知識を頭にたたき込む手法、あるいは問題集を数多く解くことで実力を養っていくやり方など、人によって進め方は異なる。野沢有希子さんはかつて**「問題集を数多く解いて実力を養っていく」手法を採っていたそうだが、その効果のほどに疑問を感じ、違うやり方にシフト**したという。

「中学受験のときには、とにかくたくさんの問題集を解くようにしていました。常に新しい問題に向き合って解いていけば、実力がついてくると単純に思っていた。でも、そのやり方だといつも同じようなところにばかり引っかかって、解けない問題はずっと解けないままだったんですよ（苦笑）。一応、わからなかった問題や、間違えた問題は解説をひと通り読むぐらいの復習はしていたけど、答案を分析するなど、じっくりやり直すことは、ほとんどしていなかった。それがまずかったんですよね」

と、野沢さんは当時を振り返る。

確かに、多くの問題集にガンガン当たっていくやり方というのは、常に新しい問題にぶつかる分、刺激的で何となく勉強が進んだ気になる。反面、次の難問にチャレンジすることに意識が向いてしまい、通りすぎた問題を改めてじっくり復習することにはあまり手が回らないことも多い。

「これでは問題をたくさん解いてもあまり意味がないな、と思って。そこで、自分の解いた問題を、自分なりにきちんと分析することにしました」

ということで、彼女は次のような勉強法を採ることにしたそうだ。

解けなかったその過程も残しておく

「主に数学で使っていたやり方ですが、塾の問題集や東大入試の過去問、それから模試の問題部分を切り抜いて、ノートに貼りつけるようにしていました。その下に真ん中で線を引き、左側のスペースを使ってその問題を解いてみる。その後に聞い

た講義や、解答と解説をもとに、正しい解き方を右側に書き込んでいきます。あとで見直したときに、問題の解き方とそのポイントがひと目でわかるように、整理してまとめておくというわけです。こうすると、時間があいたときにちょっと見直すこともできますし、あとで似た問題を目にしたときにも調べやすい。次に同じような問題に当たったときにも頭の中で結びつけやすいから、その解法パターンをしっかりと身につけることができます」

とのことだ。

また、**ノートに貼りつけた問題を実際にその場で解き、左スペースに自分の解答を書き込むのもこの勉強法の特長で、問題が解けなかった場合でも途中までの式を書き、その下は空欄にしておく**という。

「そうすることで、〝この部分でつまずいたんだな〟という、自分の弱点が浮き彫りになります。その後、同じような別の問題に当たったときにも、〝確か以前、同じような問題で手こずったぞ〟って、すぐにピンと来る。また、途中でわからなくなったところや、間違えた部分などは、解答と解説を見ながら蛍光マーカーで囲ったり、フセンでチェックを入れました。やはり、同じような問題に当たったときにも頭に浮かびやすいですし、復習するときにも重点的に見直した方がいい部分が、

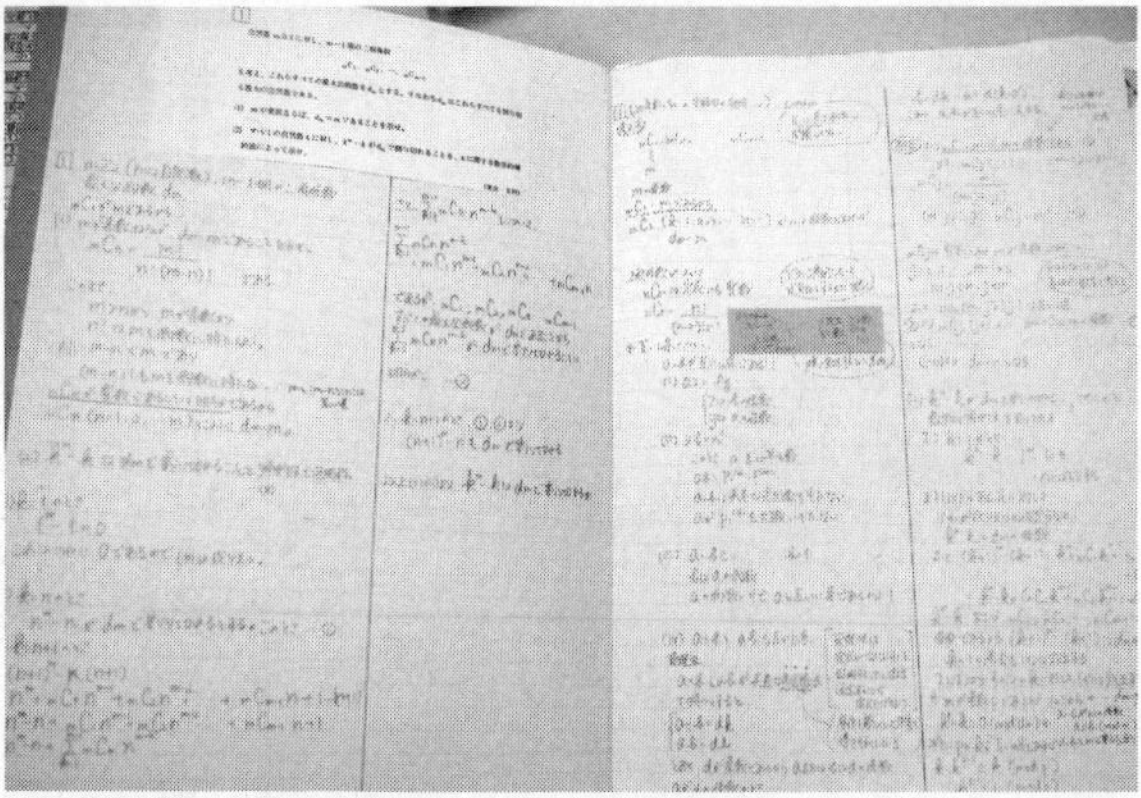

「自分の解いた問題を復習するのは、あまり楽しいことではない」ため、見返す気になるよう、ていねいに整理して書くのがコツ、とか。

ひと目でわかりますから」

と、野沢さんは語っている。

時間をかけて数多くの問題を解いても、その場限りで終わりにしてしまうのでは、費やした労力の割には実力がついていない、という結果になることも多い。

しかし、野沢さんのように、問題を解いた経験をその後の復習に上手につなげることができるのなら、数多くの問題を解くよりもずっと高い効果が望めそうだ。

授業ノートの余白に情報を書き足す手法に

まとめノートはきれいな仕上がりだけに意識が向く

木村小春・教養学部3年

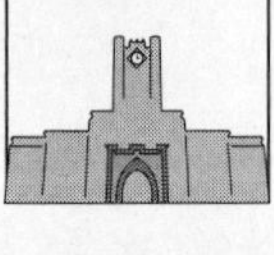

授業でノートに取った内容を、別のノートに整理してまとめ直す「まとめノート」。まとめ直したノートは復習に活用するというわけで、中学生から大学生まで、比較的真面目に授業を受けるタイプが好む手法のようだ。しかし、こうしたまとめノートは「必要ない」と言い切るのが木村小春さんだ。

「私自身、まとめノートを作っていた時期がありました。ノートをまとめていると、〝勉強している感〟が感じられたし、当時は結構時間をかけて作っていましたね。気合いを入れて、色ペンを使って見やすいようにきれいに仕上げたりして。**でも、ノートをきれいに仕上げることばかりに意識が向いちゃって、時間をかける割には、効果があんまり得られないことに気づいたんです」**

と木村さんはいう。もともと彼女は、先生の話から板書まで、授業内容はすべて書き写していたそうで、それゆえノートはどうしても走り書きになってしまいがちだった、とか。そうした走り書きの授業ノートを見やすく整理し、復習に活用するためにまとめノートを作っていたというが、彼女いわく
「結局まとめノートを作るのに時間ばかりかかって、肝心の復習が思ったほどはできなかった。成績もそんなに上がらなかったし、これは時間の無駄だな、と思って、まとめノートを作るのはやめることにしました」
というわけだ。

帰りの電車でノートに手を加える

まとめノートの勉強法を捨てた木村さんは、授業ノートを直接活用して復習していこうと考え、ノートの取り方を少し変えてみたという。

「それまでは、先生の授業はノートにぎっしり詰めて書き留めていましたが、まず、余白を多めに取るようにしたんです」

その余白には、教科書や参考書を見て補足説明を書き足したり、あるいは「重要！」「テストに出る！」「いらない（暗記しなくてもいい）！」などの目印を付けるようにしたという。

「授業後にそのノートを見直していろいろ書き足すのを前提に、余白をスカスカにあけるようにしてノートを取るようにしました。**これを、学校帰りの電車の中で見直して軽く復習しながら、重要な部分をマーカーで囲んだり、〝テストに出る！〟〝いらない（暗記しなくてもいい）〟といった目印を書き込んでいくんです**」

その日の帰りに見直すのだから、授業内容はもちろん、先生が「ここはポイントだぞ」「テストに出るぞ」といった部分もまだしっかり記憶に残っていて、さほど手こずることなく、スムーズに復習できたという。

また、ノートのこの記述だけではちょっと不足していると感じたり、授業中に聞き逃すなどして理解できなかった部分には、〝あとで調べる！〟などといった印も同時に書き加えていたのだそう。

「電車の中で書き加えた印は、机に向かって改めて復習する際に役立てていました。**〝調べる！〟マークがついているものは、参考書や教科書を見たり先生に聞きに行ったりして、これもノートの余白に、さらに説明を書き加えていきます。**このやり方のおかげで、授業内容がきちんと整理されて頭の中に入ったと思います」

という。

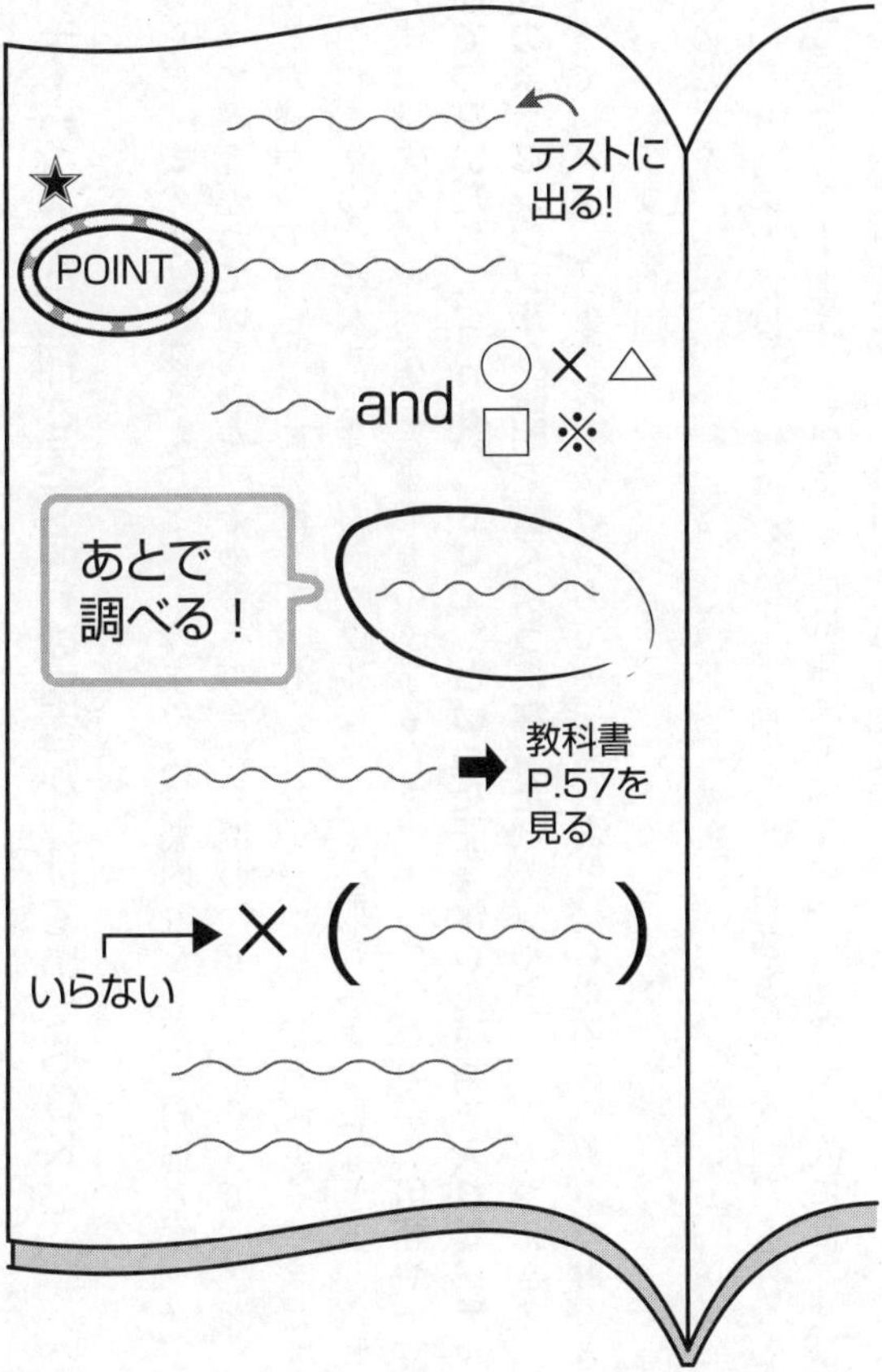
テストに
出る!
POINT
and
○ × △
□ ※
あとで
調べる！
教科書
P.57を
見る
いらない

キーワードさえ押さえてあれば内容が抜けていてもOK

さらに、この手法に変えたことで、今までは授業内容を一字一句逃さず、ノートにすべて書き連ねていたのが、その書き方自体も変わっていったそうで、「学校が終わってからすぐに見直して、わからない箇所には補足説明を書き足すという前提だから、それまでよりもシンプルにノートが取れるようになりました。それまでは先生の言ったことを、そのままもらさず書いていたのが、**用語や一文を矢印でつないだり、〝and〟〝but〟といった記号化した英語を入れて、チャート図のようなシンプルな説明を書くようになった。**要点やキーワードさえきちんと押さえてあれば、多少内容が抜け落ちていても、あとから説明をいくらでも書き足せばいいのですから」

とのことだ。

このやり方のおかげで、授業のノートを取ること自体も楽になったというわけで、「まとめノートを作る時間や手間は無駄ではないか、と感じる人には、ぜひおすすめしたいやり方です」と木村さんは語っている。

授業用ノートすっきり書き取り術

ノートはきれいに取るより理解する方が大事

松下百合・工学部4年

前ページの木村さんと同様、松下百合さんもまた、「二度手間になるし、時間がもったいない」として、まとめノートNG派。あとで再度まとめ直さなくてもすむよう、松下さんは授業中の段階で完璧なノートに仕上げるべく、神経を使い、きれいに書き写していったという。しかし、高校2年生に進級した頃から授業のスピードについていくのが厳しくなり、

「授業中にきれいに整理してノートを取っていたのでは、追いついていけない。そのことばかりに気を取られてしまって、そもそも授業内容が頭に入ってこない。**ノートをきれいに書くより、理解することの方が大事**ではないか」

と思い始めたそうだ。そこで、彼女はきれいに書くやり方を捨て、授業内容を理解することを最優先に考え、ノートを取るようにしてみたという。

ユニークなイラスト効果で復習する気UP

「〝ノートが汚いとあとで見返すのがイヤになる〟と思い、色ペンなどを使ってとにかくきれいに書き留めるようにしていましたが、読めるレベルであったらいいだろう、と（笑）。そこで、授業内容をきちんと理解することを最優先にし、ノートはササーッと走り書きすることにしました」

と、松下さんはいう。とはいえ、授業内容をよく理解しながらの走り書きでは、かろうじて読めるレベルを保ってはいるものの、彼女自身が当初から心配していたように、「積極的に見返す気にはなれない」ノートになってしまいがちだ。それを改善するために、彼女は次のような工夫をしたという。

「**授業内容をノートに書き留めながら、その横にユニークなイラストをチャチャッと加えるようにしました。**あとで見返したときに少しでも楽しい気分になれるように。その方が、文字だけがズラズラと並ぶよりも勉強しやすいですし、汚い文字でも何とかノートを開く気になりやすい（笑）」

もともとイラストを描くのが得意だった松下さんにとって、授業中にイラストを添える作業はちょっとした息抜きにもなり、その点でも良かったという。

また、ノートの取り方自体もそれまでのやり方をガラリと変え、

「授業内容を全部ノートに書き写すのはやめて、ざっくりと取ることにしました。先生が話している内容のキモだけをノートに取れば、あとは復習のときに授業内容をいろいろ思い出しながら、書き足して肉づけしていけばいい、と思って」

といった手法を採るようにしてみたのだそう。

「ただ、それでは先生の言った細かい内容を忘れてしまいかねない。そこで、授業内容のキモのみをノートに書くと同時に、ふきだしでキーワードを盛り込んだ注釈を入れるようにしました。**例えば、〇〇皇帝がA国の台頭を恐れて××という動きを取り、B国と軍事協定を締結した、といった内容なら、〝〇〇皇帝がBと軍事協定〟と要点を一文で書き、その横にふきだしで〝Aを恐れた!〟〝××した〟との簡単な注釈を入れる。**こうしておくと、あとで記憶がたどりやすいんですよ」

と、松下さんはいう。この書き方なら、文章で説明をダラダラと書くよりもシンプルにまとめられる上、あとで復習する際、キーワードがはっきりしている分、連鎖的に記憶がよみがえってきやすいという。

さらに、このふきだしの記述にイラストを添えることも多く、記憶をたどる上で

の効果は高かったそうで、

「イラストって結構印象が強いから、それが取っかかりになって、〝あー、そういえばこんな話もしてたな〟と、いっそう思い出しやすかったです。ダジャレなども入れたりしながら、イラストを楽しく描くようにしていましたね」

と、松下さんは語る。

ふきだしには頭に浮かんだ事柄も

授業内容の要点を絞ったシンプルな記述とイラスト、そして内容を補足する注釈のふきだしで授業用ノートを構成していた松下さんだが、このふきだしにはそのときにふと頭に浮かんだ事柄も入れていたという。

「例えば、授業を聞いていて〝この時代、アジア史ではどんな感じだったんだろう？〟など、ちょっとでも関連しそうだな、と思ったら、〝アジア諸国も要チェック！〟と書き添えたりしました。**そのときの授業内容とは直接関係がなくても、関連づきそう、と思ったら、あとで復習するためにメモとして入れておくんです。**もともと私、気になり出したらモヤッとして思考を広げちゃうタイプなもので

（笑）。でも、こういうメモを残しておくと、〝あとで調べればいい〟って頭が切り換えられるので、授業から脱線して思考が広がっていかずにすみます」

という。また、こうしたメモ書きをもとに関連する事柄も復習することで、多角的に理解ができるので、勉強面での効果も高かったようだ。

「授業内容はその場で理解し、復習で補強をする」という松下さんのこのやり方は、正に勉強の正攻法といえそうだ。

驚きの授業ノート術

重要事項こそノートに書かない

佐々木亮平・理科1類2年

授業内容をどの程度までノートに書き写すかは、人それぞれだ。先生の講義内容をシンプルに要点だけをかいつまんで書く人もいれば、板書だけ写すというタイプもいる。あるいは、先生の話したことは一字一句漏らさず書き留める、という人も多い。授業用ノートの取り方ひとつとっても、さまざまな手法があるのだが、佐々木亮平さんの流儀は少し変わっていて、

「授業で先生が黒板に書いた内容や、〝これは重要だぞ〟と話す要点は一切、ノートには書きませんでした」

という。佐々木さんは、ノートにすべての要素を詰め込み、それを中心に勉強するやり方には否定的で、

「そもそも僕の場合、ノートを復習する習慣があまりなかった。それでも、中学時代は、授業内容を真面目にノートに取っていました。ただ、字が汚くて…（苦笑）。

読み返して勉強する気になれなかったんですよ。授業で苦労して書いても、結局教科書や参考書に頼っていたので、ノートって本当に役に立たないなー、というのが当時の実感です」

とのことだが、一方で「でも、授業のノートは高校時代も取っていました」とも語っている。では、実際にどのようなノートの取り方をしていたのだろうか。

教科書に書かれた内容は敢えてノートに取らない

「授業は耳で聞くことに集中して、なるべくその場で授業内容を頭に入れるようにしていました。**その上で、ノートには教科書や参考書には書かれていない内容のみを書いていましたね**」

と、佐々木さん。

「例えば、授業中に先生が黒板に書く内容は、たいてい参考書や教科書でも〝重要内容〟として、太字で強調されるほどしっかり記載されていますよね。同様に、先生が授業で話す事柄も、基本的には全部参考書に書いてある。復習したかったら、教科書や参考書を開けばいいわけです。仮に聞き逃したり、わからない部分があとから出てきても、そうした重要内容は先生に聞けば、ていねいに教えてくれます。そういった内容よりも、ほかのどこにも書いていない、その先生からしか聞けないような知識を書き留めておきたかったんです」

というわけだ。確かに、先生が話す内容のほとんどは重要知識で、当然教科書や参考書にもきちんと記載されている。復習するならそうした資料を使えばよく、敢えてノートに書き写す必要はない、というのは理に適《かな》った考え方といえる。

「授業中は教科書を見て、先生の話を聞きながら内容を頭の中に入れていく。教科書には書かれていない話が出てきたら、その部分だけノートに書き写す。これなら、ノートを取ることに必要以上に意識を使わなくてすみ、授業にも集中できて良かったですよ」

と、佐々木さんは語っている。

先生の雑談こそが大事

教科書に書かれている内容以外の事柄をノートに書き留めていた、という佐々木さんだが、さらには「先生が話す授業の本筋とははずれた雑談内容なども、重点的に書いていた」そうで、これもなかなか珍しい。

生徒たちに授業に興味を持たせるためにも、たまに脱線するのが、多くの先生たちのお決まりの手法だ。しかし、授業の本筋とはあまり関係のないこうした雑談知識を、佐々木さんは一体何のためにノートに書き留めていたのだろうか。

そんな疑問に対する彼の答えは、次の通りだ。

「受験勉強にとどまらず知識を養いたかった、というのが大きな理由ですが、実は復習においても意外と役に立ちました。**授業の場で頭の中にたたき込んだ内容をあとで復習する際、ノートに書かれているちょっとした雑談内容が、記憶をひも解くよい取っかかりになっていた。**本筋とはあまり関係のない雑学知識ほど面白かったりしますから、印象に残りやすい。それを見直すことで、そのときの授業内容も関連して自然と頭に浮かんでくることが多かったですよ」。

先生の話す楽しい雑学知識を思い出すことで、そのときの授業内容が連鎖的に浮かんでくる。ちょうど、59ページの松下さんの「授業中に描いたイラストから内容を思い出す」という流れと同じだ。授業内容を復習するときのために、〝授業の記憶をたどりやすくするための取っかかりになる要素を、ノートに残しておく〟というのは、ひとつの効果的なやり方というわけだ。

すべての内容に見出しをつける

見ためだけ整理されたノートは意味がない

小林佳世子・文科1類2年

ノートをまとめる際、文頭をきちんとそろえたり、矢印でつなげたり、あるいは重要箇所には色ペンを使うなど、多くの人はより見やすくするために、整然と書くことを心がけているだろう。しかし、見ためだけがすっきり整っていても、ただ漫然とまとめているのでは、内容がわかりやすいノートとはいえない。

小林佳世子さんは、**「見ためのきれいさよりも、理解しやすさを重視してノートをまとめていた」**という。

「パッと見て、情報が整理された状態で頭の中に入ってくるような、そんなノートになるように心がけていました。授業内容や参考書を、ただノートに整えて書いているだけでは、ノートにまとめる意味がないし、見ていても頭に入ってきづらい。例えば世界史なら、大きな流れに付随するいらない枝葉の部分は思い切ってカットするなど、要点がすっきりと整理されるように、まとめていきました」

というのが小林さんのやり方のようだが、では、具体的に彼女のノート術を聞いていくとしよう。

「参考書や授業内容をもとに、ある事柄の説明をノートにまとめるときは、長い文章で順序立ててツラツラと説明するのはなるべくやめて、それぞれの関係性がはっきりと目で見てわかるように、書くようにしていました。**例えば、Aの事柄が原因でBの結果になった、という内容なら、頭に〝原因〟〝結果〟と色ペンで書き、簡潔な説明文を入れる。**あるいは、複数の事柄が同じ括りの中での並列の説明なら、文頭をそろえて〝並列〟とわかるような括りを入れる、といった具合に、**全体の大まかな内容がビジュアルでつかめるようなまとめ方を心がけていました**」。

長い文章でダラダラと説明していくのではなく、短く明快な説明文をそれぞれ矢印でつなげたり、箇条書きにする等、パッと見て全体の流れがつかめる、そんなノートになるようにまとめていたというわけだ。

見出しがつけられるかどうかでわかる理解度

「説明文をただ整然と書いているだけのノートは意味がない。それなら、参考書で十分事足りますから」という小林さんだが、彼女のノート術にはそのほかにも優れた特長がある。それは、「見出しをつける」という手法だ。

「**ノートの左側に少しスペースをあけるように線を引いて、そこにそれぞれの内容のポイントがわかるような見出しを必ず入れるようにしていました。**例えば、英語の授業で先生がまぎらわしい英単語の例を上げた場合、左側スペースに〝まぎらわしい英単語〟と大きく書き、さらに〝名詞と形容詞の使い分け〟と、小見出しを入れる。どんなことが書かれているのか、何が要点になっている内容なのか、見出しを見るだけで、瞬間的にわかるようにしたかったんです」

こうすることで内容がひと目でわかるため、頭の中で整理でき、また、復習で調べ直す際にも見出しから引きやすく、役に立つというわけだ。

「複数の見出しをつけるときは、〝○○という大きいテーマの中で枝分かれした並列の事柄の××と△△〟といった風に、その大小も意識して書くようにしていました。見出しをつけることで、自分が今書いている内容が本当に理解できているのか、よくわかるという点も、良かったですよ」

と、小林さんは語っている。

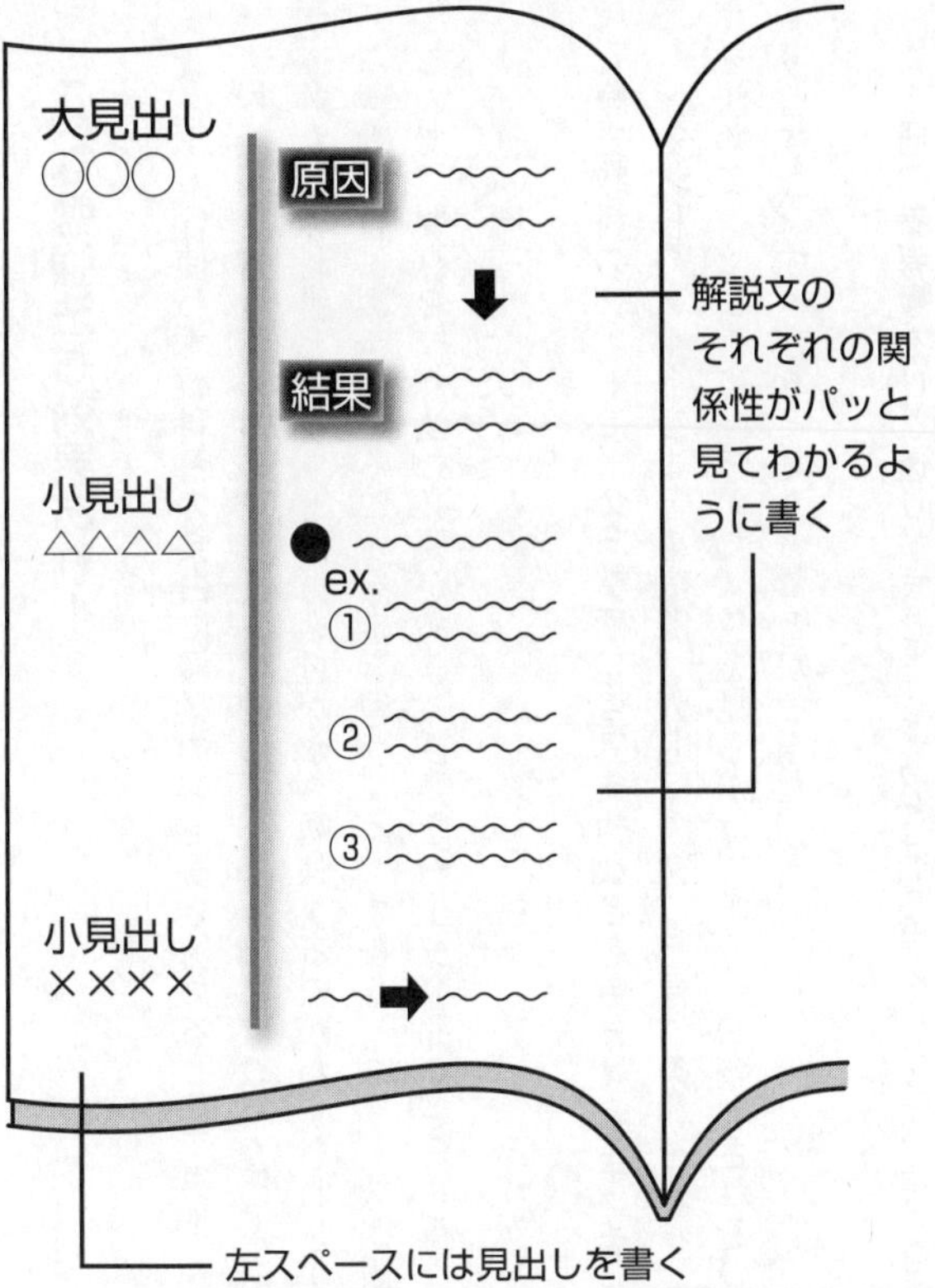
大見出し
○○○
原因
結果
小見出し
△△△△
ex.
①
②
③
小見出し
××××
解説文のそれぞれの関係性がパッと見てわかるように書く
左スペースには見出しを書く

こんな勉強法も効果あり！③

☆ノートは使わず教科書の余白に授業内容を書き留める（4年・男性）
授業用を書き留めるのにノートは使わず、基本的には教科書の余白に書いていた。教科書とノートと両方を見ながら勉強するのがわずらわしかったから。教科書に載っていることを書き留めなくてすむし、スペースが限られてるので、要点を絞り込む必要があり、授業を一生懸命聞かざるを得ない、という点でも良かった。

☆歴史教科のノートで、人名、事柄、年号、条約などを色分け（3年・女性）
歴史教科のノートをまとめる際、人名、事柄、年号、条約をそれぞれ、色を決めて書くようにしていた。色を見るだけで頭の中が整理されるのでわかりやすく、すっきりと覚えることができた。

☆1冊の参考書をひと通りすませたら、あとは間違えたところだけを勉強（2

年・男性）

参考書である程度知識を頭に入れた後は、模試や問題集を解き、間違いを直す勉強だけをしていた。頭に入っている事柄を何度も重ねて勉強するのは無駄だし、間違えたところだけを補強していけば、それなりの点数は取れる。その都度、新しい問題に当たり、その間違いを直すだけなら、「まだこんなにたくさん勉強しなくては」といった〝うんざり感〟もなく、マイペースで進めることができる。

☆基礎レベルの易しい問題集を100％スラスラ解けるようにする（2年・男性）

基礎問題集が100％解けなくては、その上のレベルの問題集をやっても意味がない。基礎問題が90％程度できたところで応用問題に手を伸ばす人が多いが、それでは応用力も頭打ちになる。基礎が完璧にできてこそ、難しい問題に挑戦して応用力がつくのだから、まずは基礎問題集を100％スラスラと解けるまで、何度も取り組むべき。

つまずいた理由も書き込むノート術

まとめノートを使った復習は必要なし

立川雄太・工学部修士1年

授業を聞いて理解しながら、同時に先生の話と板書をノートに取るのは、なかなか困難なことのはずだ。特に授業スピードの早い先生に当たると、どうしても汚い字になってしまいがちだし、内容面でもその場でわかりやすくまとめるというのは、相当難しい。それゆえ、授業ノートをさらに別のノートに改めてまとめ直す〝まとめノート〟が、ひとつの定番手法にもなっている。特に、試験前などでノートを見返そうというときにはやはり、きれいに整理された状態のノートじゃないと、復習もしづらいためだ。

一方で、こうしたまとめノートは、新たに書いてまとめる手間と時間がかかることから、授業ノートをそのまま活用するようにしていた、という東大生も数多く見られる。労力と時間をかけて、復習しやすいまとめノートを作るべきか、それとも授業ノートを工夫して上手に使うべきか。考え方は、大きく分かれるところだ。

立川雄太さんは〝まとめノート〟派だが、彼の場合、**ある程度時間をかけてまとめたノートでも、復習にはさほど活用しなかった**という点が興味深い。

「初めは授業ノートを活用していました。でも、授業ノートをただ見直しているだけでは、頭の中が整理できないことに気づいたんです。特に数学に関しては、問題の解き方を順番に見て何となくわかったような気になるだけではなく、個々の問題のパターンやポイントをきちんとつかみ、頭の中で整理しながら理解したい、と思ったんです」

と立川さんはいう。

まとめノートを作ることで頭に刻み込まれる

授業ノートをただ見直しているだけでは、頭の中で整理できない、と感じた立川さんは、多少時間がかかっても別のノートにまとめてみることにした。といっても、一般的なまとめノートのように「復習のため」ではなく、あくまでも「頭の中を整理するため」の手段として、ノートに書き出したという。

「初めから〝復習には絶対に使わない〟って意識していたわけではありませんが

（笑）。改めてノートにまとめ直していると、それだけでも相当理解が深まったんですよ。授業でやった事柄をもう一度見て、自分の手でノートにまとめてみることで、内容のキモやポイントもはっきり浮かび上がってくるようになった。数学の解法をまとめているときなどは、〝このパターンは前にも出てきたぞ〟って、以前の記述をその場でさかのぼって確認できたのも、良かった点です。**一度、ノートに書き出すという過程を踏むことで、頭にしっかり刻み込まれるから、まとめたノート自体を使った復習は、その後はほとんどしないですみましたよ**」

というのが彼の実感だ。

つまずいた原因を書き添えることで弱点にしない

また、ノートをまとめるにあたって、立川さんなりのちょっとした工夫も見られる。

「僕は必ず予習をしていたんですが、そのときにつまずいたところや間違えた問題は、授業を聞いた後で〝何につまずいたか〟〝何がわかれば解けたのか〟、その原因を書き添えるようにしていました。その上でノートにまとめるときに、つまずいたその原因にあたる部分を〝重要ポイント〟として、色ペンで囲んでいましたね」

とのことだ。

予習の段階でつまずいた問題や間違えたところというのは、そこできちんと理解を深めておかないと、弱点になりやすい。そうならないよう、つまずいた原因をしっかり把握し、そのポイントをノートにまとめる過程を通して頭の中にたたき込む、というわけで、予習した過程もまったく無駄にしない良策といえそうだ。

「ポイントとして明確にしておき、それを色ペンで囲っておくと、その後の模試などで同じような問題につまずいたときにも調べやすいですしね」

と、立川さんはいう。

まとめノートというと、「復習のためにきれいにまとめるもの」というイメージが強いが、実は頭の中を整理し、弱点を浮き彫りにするための手段にもなり得る、というわけである。

キーワードの周辺に知識を書き足すノート術

一度見た教材は開く気がしない人にマーカーは意味なし

渡部智生・理学系研究科修士1年

教科書や参考書を読みながら、知らなかった内容や重要箇所などに蛍光マーカーや色ペンで線を引いて暗記していくやり方は、比較的ポピュラーだ。ダラダラと読み進めるだけではなかなか内容が頭に入りづらいし、重要な部分というのは、どうしても目立たせたくなるものではないだろうか。

実際、電車の中などで、受験生とおぼしき若者がマーカーを片手に、参考書を熱心に読んでいる光景は、そこかしこで見られるはずだ。

しかし、渡部智生さんは、

「参考書にマーカーを引いて暗記していたこともありますが、それはやめました」

と、このやり方にNGをつきつける。

「マーカーを引いても、見なければ意味がないですよね。ほかの人はどうかわかりませんが、僕は一度読んだ参考書を何度も開いて復習する気になれず、結局引いたマーカーも役に立たずに終わることが多かったんです。参考書って結構ボリュームがあるけど、復習するとなったら、すでに覚えた事柄も含めての分量を、再び全部目を通すことになる。それが無駄に思えて、見返すことをあまりしなかった。これではマーカーを引く意味がない、やり方を変えてみよう、と思ったんです」

そこで渡部さんは、マーカーを引いた参考書が活用できなかった教訓を生かし、次のような手法に変えることにしたそうだ。

キーワードを中心に知識を書き足す手法

「参考書にマーカーを引いても、なかなか見返す気になれない。そこで、参考書の内容で自分がわからなかったところや、重要と思う箇所を抜き出してノートに書き写すことにしました」

と、渡部さん。初めの内は、参考書から重要箇所を抜き出し、ノートに文章形式で書き写すようにしていたという。ところが、その手法も彼にとってはしっくり来なかったようで、

「きちんとした文章にして書き出すと、大変な割に意外とわかりづらかったんです

よ。自分がわからなかった内容や重要なところだけを抜き出して書いていたから、前後の大事な部分やそれに付随する流れが、その記述だけでは見えて来なかった。なるべく簡潔にまとめようと、ピンポイントで抜き書きしてたのが裏目に出てしまった。いざ、見直してみても、頭に入ってきづらくて……（苦笑）」。

そこで彼は、文章形式ではなく、今度は重要な用語をキーワードとして、それに関連する知識を周辺に書き足していくようなやり方に変えてみたという。

「例えば、参考書を読んだり問題集を解いていて、〝上米の制〟という用語が自分の中であまり理解できていないな、と感じたら、それをノートに書き留めます。**その上で、上米の令に関連する享保の改革という用語や、上米の制を語るのに欠かせない参勤交代の緩和という事柄などを書き加えていくんです。それもなるべくシンプルな文章で、矢印でつなげたり、箇条書きにしていきます**」

ちょうど、〝上米の制〟についての知識を人に説明するようなイメージで、関連する事柄を書き足していくというわけで、

「文章でダラダラ解説するよりこちらの方がパッと見てわかりやすいし、ふとしたときに見返そうという気にもなりやすかったですね」

というのが、渡部さんの実感のようだ。

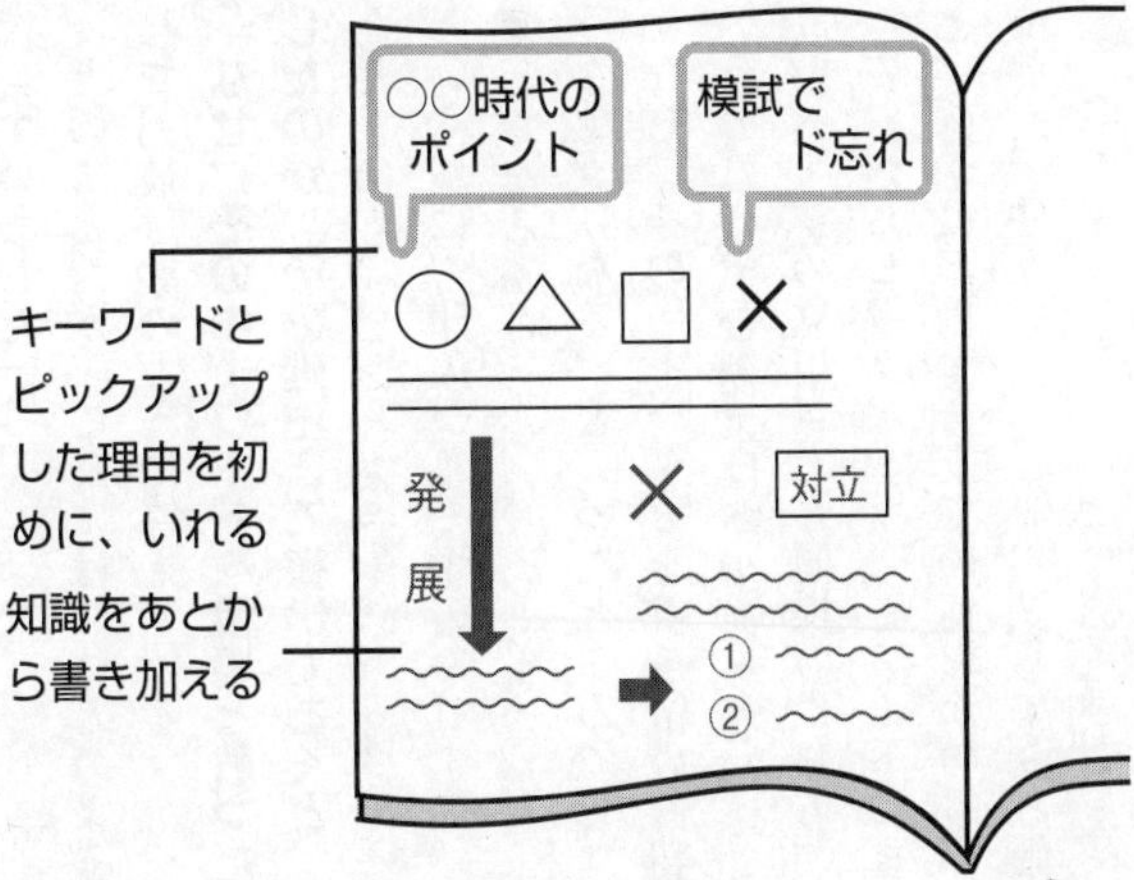

ピックアップしたその理由から印象づける

さらに、このやり方にはもうひとつ、ポイントがある。

渡部さんは、参考書や問題集から用語を書き出す際、なぜそのキーワードをピックアップしたのか、その理由についても書き添えるようにしていたという。

「例えば、問題集を解いていてある用語が思い出せなかったので、それを書き留めようという場合、その横に〝問題集を解いていて思い出せなかった〟と、書いておくんです。あるいは、〝知識が不十分〟〝××時代の（歴史で）最も重要な事柄〟といった具合に、ピックアップしたその理由を書き添えていました」

とのことだが、これには一体どのような効果があるのだろうか。そんな疑問に対して、彼は次のように答えている。

「なぜ、そのキーワードを重要と思ったのか、どうしてノートに書き留める判断をしたのか、その理由まで書いておくと、印象に残りやすいからです。あとで見返したときにも、ピンと来やすい。〝自分はこの知識を初めは見逃していたんだった〟という風に、印象づきやすいんですよ。それと、単純にあとで読み返すとちょっと楽しくなるから、というのもあるかも（笑）。たえていうなら、昔の日記を読むような感覚になる、といったところでしょうか」

なぜ、そのキーワードを書き留める判断をしたのか、その理由まで書き添えるというのは、望む効果は多少違うながらも、「解けなかった原因も書いておく」という前ページの立川さんと同様のやり方といえる。

資料からピックアップしてノートにまとめる際、こうした情報も書き添えておくと、確かに記憶する上での何らかの目印になりそうではある。東大生の2人が採っていた手法ということで、試してみる価値はあるのではないだろうか。

余白たっぷりノートの思わぬ効果

内容たっぷり濃いノートは見ていてうんざり

島岡一希・経済学部3年

東大生たちがまとめたノートを見ると、必要な知識がぎっしりと書き込まれている例がほとんどで、感心させられる。ノート1ページの中に参考書数ページ分の知識が詰まっているのでは、と思わせるほど、文字で埋めつくされているノートも少なくない。

そんな多くの例とは対照的に、「ノートは余白をたくさん取って、ぜいたくに使っていた」というのが島岡一希さんだ。

「文字がぎっしり詰まったノートって、見ていてうんざりしませんか？　**僕はノートのスペースをたっぷり取るようにしていましたよ。その方が書きやすいし、見やすいでしょう**」

というのが彼の考えだ。また、思わぬ効果として、

「単に気分の問題かもしれませんが、数学の解法などでも適度にスペースがある所

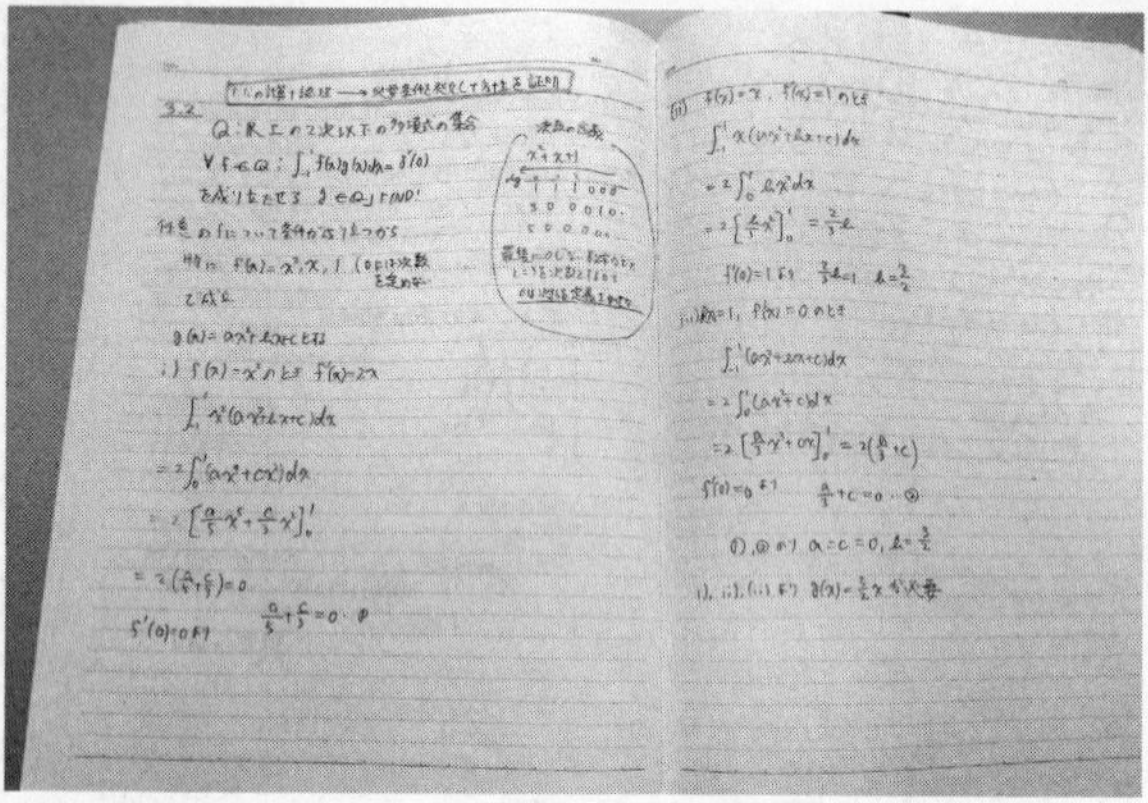

これは島岡さんのノートだが、確かに余白を多く取った方が見やすく、頭に入りやすい。

かに書かれている方が、頭の中にすっきり入る気がしますよ。それに、ノートの厚みから達成感が得られる。まあ、中身はスカスカなんですけど（笑）。それでも、何冊にも及ぶノートをパラパラめくっていると、〝こんなに頑張ったじゃん。これなら大丈夫！〟って、実感できます（笑）」

といった点を上げている。

「別にノート代に困っているというわけでもないのなら、書きづらいのに無理してぎっしり詰め込むことはないと思いますよ」

という島岡さんの言葉は、なかなかの説得力があるのではないだろうか。

授業ノートを復習に活用 VS 授業ノートは復習に活用しない

学校や塾などの授業内容をノートに書き留めるというのは、やはり大事なことのようで、東大生たちに今回調査した限りでもほんの数人を除いて、ほとんどの学生が「授業内容はノートに書き留めていた」と回答している。

書き留めた授業ノートだが、これをどのように活用していたかについては、意見が分かれる。東大生の約150人に実施した調査では、「授業ノートをそのまま使って復習していた」という人は全体の約65％、「まとめ直してから復習していた」という人は約20％に上っているのだが、「授業ノートは復習には使わなかった」という人が約15％もいるという点が、興味深い。

わざわざ授業でノートを取っておきながら、それを復習に活用しないというのはどういうことだろうか。それぞれのやり方を見ていくとしよう。

まず、〝授業ノートをそのまま使って復習〟という学生のやり方としては、「授業ノートを元に、参考書を見ながら漏れている内容を書き加えて復習していた」「授業ノートと参考書や教科書を机に並べ、ノートを見て授業内容を思い出しながら、参考書や教科書で知識を補強していった」という具合に、参考書などの教材と併用していた例が多いようだ。これは、「授業で取ったノートだけでは、間違えた解釈で書き留めているかもしれないから」「先生の授業内容だけでは、やはり不十分」といった不安によるもので、やはり授業中にその場でサッと取ったノートをそのまま復習に活用するのでは、知識の漏れや、先生の説明では不十分なところがあるため、教材による正確な知識の補強が必要、ということだろう。

一方の〝まとめ直してから復習〟派も、基本的には〝授業ノートをそのまま使って復習〟派と同様で、「授業ノートだけでは不十分だから、ほかの教材を使って独自のまとめノートを作った」という者が多い。それに加えて、〝まとめ直してから復習〟派の考え方は、「自分にとって最もわかりやすく整理されたノートで復習したかったから、まとめノートを作った」「授業ノートや参考書の中から、本当に自分が必要とする要素のみをピックアップしたかった」といった声に代表されるように、与えられる知識のみを淡々と学んでいくだけではなく、必要な知識を整理して勉強を進めたいという、〝発展的な勉強〟を意識している点が特徴的だ。また、「要点を整理したノートを作りたかった」という意見以外に、「ノートにまとめる作業を通じて頭に入るので、まとめノートを作っていた」という声も多く聞かれた。

そして、授業ノートを取るが活用しなかったという、ちょっと不思議ともいえる〝授業ノートは復習には使わなかった〟派だが、実際に学生たちに話を聞いてみたところ、どうやら「ノートを取るのは授業内容をきちんと理解するため。なので、ノートを取り終わったらその後は必要ない」という考え方に集約されるようだ。それでも、彼らの中にも「見返すときもありました」という者が数名いたが、「授業内容を鮮明に思い出すために、授業ノートをチラッと見る」といった使い方で、授業ノートの内容を復習、というよりは、記憶をたぐる取っかかりとして活用していた、というわけだ。

結論：授業ノートにどういった役割を担わせるかで、活用の仕方は大きく変わってくる。ただ、東大生たちのほとんどが授業ノート自体はしっかり取っており、「授業をおろそかにしない」という姿勢は維持した方がいい、というのは間違いない。

試験10分前に見直す専用メモ集で乗り切る　橋本大典・教育学部3年

苦手分野に取り組む勉強法は×

勉強をしていると、どうしても頭に入ってこない苦手項目というのが出てくるはずだ。例えば、ある特定の英単語や英語フレーズ、数学の解法パターン、あるいは歴史教科におけるある時代の流れや国名、といったように、何度復習しても不思議と頭に入ってこない事柄というのは、人それぞれにあるだろう。

そういった苦手項目を克服するために、何度も紙に書いてみたり、参考書を読み込んで根本から理解しようとしたり、数多くの問題を解いてみるというのが、多くの学生のやり方だ。

そうした苦労を重ねるやり方に対して、橋本大典さんは、「そこまでの時間がかけられなかった」として、苦手分野には必要以上に取り組むことはしなかったそうだ。そして、彼は**「試験10分前に見直す専用メモ集」を作り、試験直前にサッと頭の中にたたき込むことで苦手分野をクリア**したという。

しかし、表現は悪いが、勉強嫌いの学生が定期試験対策として考えそうな、付け焼き刃とすらいえるこの手法が、東大入試という難関試験でも果たして通用するものなのだろうか。そんな疑問をぶつけてみたところ、

「もちろん、試験10分前まではまったく手をつけず、直前で頭の中に知識を無理やり詰め込んでそのまま本番に挑んだ、とか、そこまでの話じゃないですよ（笑）」

と前置きした上で語ったのが、次のやり方だ。

「実はもともとは、学校の定期試験対策で採ってみたやり方なんですが……授業内容をまとめたノートを試験前に復習する際、暗記できていなかった箇所にマーカーを引いていた。その後見直して、それでも覚えていない事柄には、丸をつけていった。**これを繰り返していく内に、なかなか覚えられないところがぐちゃぐちゃになってきちゃった。そこで、別のルーズリーフに、どうしても覚えられない内容をまとめることにしたんです**」

こうしてルーズリーフにまとめた内容を、試験直前の10分前にサーッと見直したところ、その直後の試験で予想外に役に立ったそうで、

「これはイケる、と思いましたね。直前で詰め込んだ短期記憶だから、もちろん試験が終わったらすぐに忘れてしまいましたよ。でも、本番の試験も直前の短期記憶

で乗り切れるならアリじゃないか、と。そこで、この手法を受験勉強でも使ってみることにしました」

と、橋本さんはいう。

過去問から不安な内容だけを抜き書き

「どうしても覚えきれない事柄は、試験直前の短期記憶で乗り切ろう」と考えた橋本さんだが、では、具体的にはどのようなやり方を採ったのだろうか。

「僕の場合は東大の過去問を中心に受験勉強を進めていったのですが、過去問を解き、その内容をまずはノートに全部書き出していきました。とにかく解いた順に、問題文と解答をQ&A式にしてノートにまとめていった。それを見返して復習し、前述の定期試験対策のときのように、覚えづらいところや難しくて不安に感じたところにはマーカーを引いていきました」

特に解答部分は、ひと通り見るだけで要点がしっかり把握できるよう、時間をかけてていねいにまとめていったという。そして、

「過去問を解きながら、並行して復習も少しずつ進めていったのですが、一度マー

カーを引いた内容を何日か後にまた見て、まだ引っかかるようだったら、色ペンで囲む。**それを続けながら、どうしても頭に入ってこなくて不安なものだけ、ルーズリーフに書き出していく。このルーズリーフが、〝試験10分前に見直す専用メモ集〟となるわけです。**これを本番の入試直前に見直そう、と。そう考えていたから、ルーズリーフに書かれた事柄については多少頭の中から抜け落ちても、直前に短期記憶で焼きつけるからいい、ぐらいの気楽な気持ちでいられましたね」

というわけだ。

しかし、東大入試となると、学校の定期試験とはレベルも試験範囲も段違いだ。〝試験10分前に見直す専用メモ集〟といっても、実際には10分では見直しできないほどの膨大な量になってしまうのではないだろうか。

そんな疑問に対して橋本さんは、

「世界史などの歴史教科は、**A4サイズのルーズリーフで10枚以上と多めになったけど、それでもほかの教科は1教科につき大体7～8枚ぐらい**にまとめることができましたよ。それにこのメモ集自体、自分の弱点を集約したものですから、やはり気になって、何かと目を通すようにはしていました。なので、試験本番の10分前に見直して短期記憶に焼きつけた、といっても、実際にはそれまでの積み重ねも多少あったとは思います」

と語った上で、最後に次のようにも付け加えた。

「今考えると、〝試験10分前に見直す専用メモ集〟のおかげで、過去問で難問に当たっても〝最悪、試験直前に暗記すればいいや〟と気楽に構えることができた気がします。〝こんなややこしい内容、覚えられるのかな〟とか〝試験に出てきたときに解けるのか？〟と不安になって立ち止まることが、それほどなくてすんだ。メモ集にまとめた内容も、最終的には各教科につき7～8枚ぐらいと、当初想像していたよりずっと少なくてすみました。恐らく、このメモ集の存在が〝心強い最終手段〟になってくれたおかげで、マイペースで勉強が進められ、結果的には逆にこの最終手段にさほど頼らずにすんだのかな、と。これこそが、このやり方の最も良い点なのかもしれません」。

過去問を活用した一問一答式ノートで復習もラクラク

参考書を勉強→過去問に挑戦、では間に合わない

橋本大典・教育学部3年

前ページで〝試験10分前に見直す専用メモ集〟の手法を伝授してくれた橋本大典さんだが、この最終手段に進む前段階での普段の勉強法にも、ちょっとしたコツが隠されている。

東大受験に向けた勉強を進める流れとしては一般に、まずは教科書や参考書などの教材、あるいは学校や塾の講義で、各教科の知識を徹底的に頭に入れる。そののちに、教科によっては問題集などに取り組み、最終段階で過去問に手をつけて本番の入試対策をしていく――といったところだろう。

しかし、橋本さんの場合、ほとんど東大の過去問を中心に勉強を進めたというから、少々珍しい。

「教科書や参考書などで知識をしっかり頭にたたき込み、最後に過去問で固める、というのが一般的なやり方だと思いますが、僕の場合、時間が足りなくてそれでは

絶対間に合わない、と思ったんです」

という橋本さん。何でも、彼が東大入試に向けての受験勉強を本格的に開始したのは、高校3年生の夏頃とか。確かにほかの多くの受験生たちと比べても、スタートがかなり遅いといわざるを得ない。

「特に地理がひどくて……高3の夏の時点で、模試の点数が11点しか取れなかった（苦笑）。でも、参考書をイチからじっくりとやり直している時間はない。そこで、まずは〝簡単にわかる地理〟みたいな、ごく基礎的な薄い参考書をひと通り読み、あとは過去問だけで勉強を進めていくことにしました」

とのことだが、短期間勝負という状況下で、数ある教材の中から東大の過去問のみを選んだのには、彼なりの考えがあるようだ。

「とにかく東大に現役合格したい、と考えていたんです。でも、受験勉強を開始したのが高3夏という時期を考えても、100％の確率で合格することを目指すのはまず無理だ、という自覚はあった（笑）。時間も限られているし、それならいろそぎ落とした勉強をしなきゃ、と思った。**そこで考えたときに、試験というのは毎年違う問題が出るといっても、やっぱり試験に出る問題の傾向がある。これに的を絞って徹底的にやっていこう、と思い、過去問に賭けることにしたんです。**もち

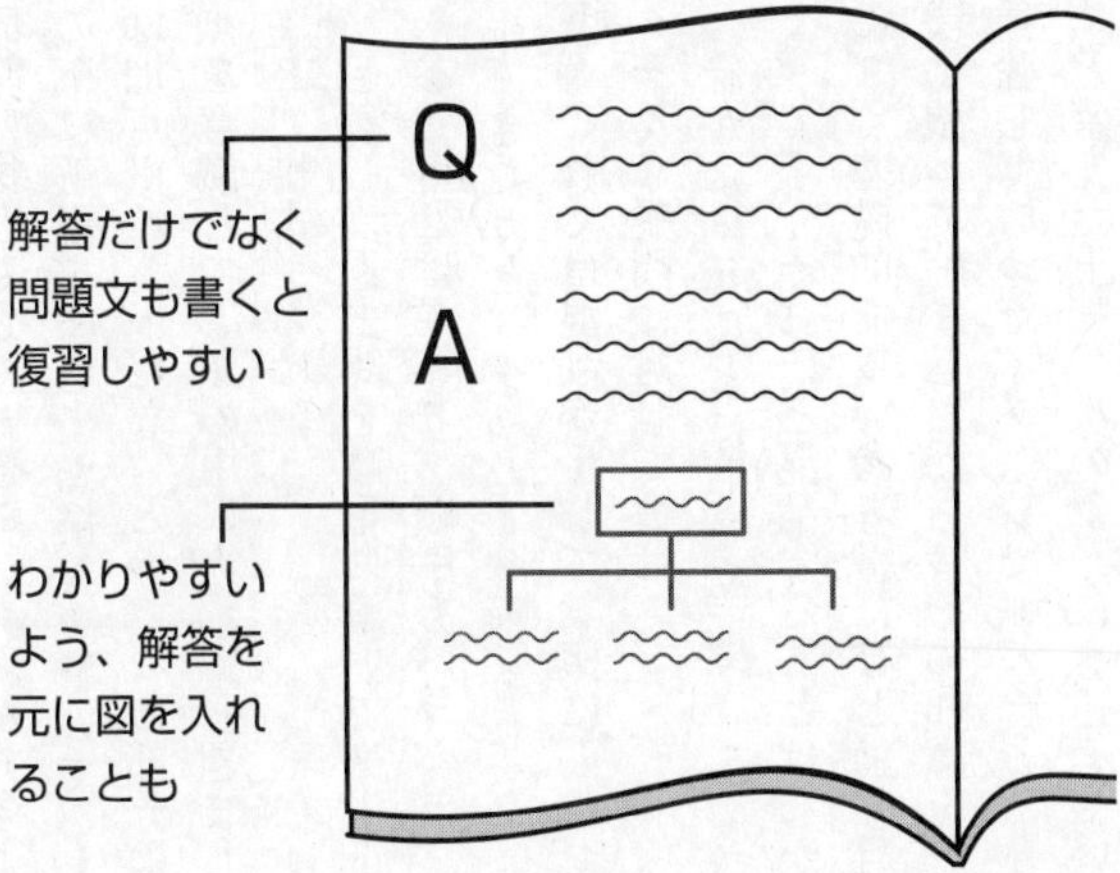
Q
A
解答だけでなく
問題文も書くと
復習しやすい
わかりやすい
よう、解答を
元に図を入れ
ることも

ろん、過去の問題傾向とはガラッと異なる試験問題を出す年度も、実際にはあるわけですが、まあ、僕のときがそれに当たったらそれはもう、運が悪かったと考えよう、と腹を括っていた」

と語っている。

見直しやすいQ&A形式ノート

東大の過去問だけに取り組み、受験勉強を進めていこうと考えた橋本さんだが、そのやり方として、過去問の問題文と解答をQ&Aの一問一答形式で順番にノートにまとめていくという、一風変わった手法を採っていたそうだ。

「東大の過去問を解き進めていきながら、

同時に復習もしていきたかったんですよ。そこで、問題文をそのまま書き写し、その下に解説をまじえた解答を書いていった。これを何十回も見返しながら、〝ここは加点ポイントだな〟とか〝この部分は違う年度でも出てきた〟とか、そういった点を意識して、頭の中に入れていきました」

と、橋本さんはいう。

しかし、過去問を順番に解いてノートにまとめていく場合、きちんとまとめられた参考書とは異なり、順序もバラバラ、各教科内の単元もあっちが出たりこっちが出てきたりと、まったく整理されていない状態で、内容が散らばってしまうはずだ。これでは混乱が生じて、頭に入れづらいのではないだろうか。

そんな疑問に対して彼は、

「確かに単元ごとに順序立てて……といった感じでは、まとめられませんでしたよ。でも、それほど混乱することはなかった。前述のように、過去問に取り組む前にごく基礎的な薄い参考書にひと通り目を通したことで、頭の中にある程度知識が浅く残っていましたから。その知識を、過去問ノートを見直すことで所々、分厚く補強していったイメージですね」

と答えた上で、次のようにも述べている。

「一問一答式ノートにしたことで、むしろ勉強しやすかったですよ。1問ごとに完結するから解答と解説が頭に入ってきやすいし、〝1～2問ぐらい復習しておくか〟といった具合に、ちょっとした時間単位で見直しができて良かった。もっとも、もう少し時間があったら、イチから知識をまんべんなく積み重ねていくような正攻法を採っていたと思うけど（苦笑）。でも、これはこれで勉強しやすかったし、短期間で効果が期待できる、よいやり方だったと思います」。

第3章

24時間を賢く使う！

東大生の「時間活用術」

苦手科目は週末一気に勉強

毎日着実に苦手科目に取り組むべからず

川上智陽・理科2類2年

苦手教科に向き合うのはなかなかツライものだ。それでも受験においては、苦手教科の成績を底上げすることこそがキーポイントになってくるため、ほかの教科よりも優先し、可能なら毎日でも取り組んで苦手意識を克服した方がいい、というのはよくいわれることだ。

川上智陽さんも同様の考えで、苦手教科には徹底して取り組むようにしていたそうだが、「毎日取り組むことで苦手意識を克服する」というやり方には、ＮＧを突きつけている。

「苦手教科は、毎日少しずつやっているだけでは、なかなか成績の底上げにはつながらないんじゃないでしょうか。それに苦手教科を勉強していて煮詰まってしまったらやる気が半減して、ほかの教科にも悪影響を及ぼし兼ねない。ですので、毎日の勉強に必ず苦手教科を加えるというのは、僕はあまり賛成できませんね」

というのが彼の考えだ。

そんな川上さんは、毎日の勉強では苦手教科に一切手をつけず、日にちを決めて一気に取り組むことにしていたという。

土曜日は苦手1教科のみを徹底的に

川上さんが苦手としていた教科は、地理だ。彼は1年間浪人して東大に入学したのだが、浪人が決定したときに、まずはこの地理を何とかしなくては、と強く思ったそうだ。

「ただ、毎日苦手教科に向き合うのは、前述の理由で避けたかった。**そこで、思い切って土曜日は地理の日と決め、この日だけはほかの教科は手をつけず、一日中地理だけを勉強することにしました。そうしたら、思った以上に効果があった。**丸一日ずっと集中して地理をやるわけだから、グンと進むんです。そんな実感から、苦手意識も少し減りましたよ」

と、彼はいう。少しずつ勉強を進めるよりも、丸一日徹底して一つの教科に取り組む方が、目に見えて進む上、やはり理解も深まりやすい。加えて、

「現役時代は、〝地理をやらないとマズイなぁ〟という漠然とした不安感が常にあった気がするけど、〝土曜日にまとめてやる〟と決まっていると、そうした不安感も払拭されます」

とのことで、精神面でのメリットも大きかったようだ。

苦手教科強化週間を設けて苦手意識をなくす

こうして、週末の土曜日は「地理の日」と決め、1教科集中で勉強をしてきた川上さんだが、さらに次のような試みもしてみたそうだ。

「地理のほかに数学も苦手だったので、こちらは〝数学強化期間〟ということで、思い切って夏休みの1週間、数学だけを勉強してみたんです。1週間というのはそんなに長い期間でもないですし、試しにやってみたら、**これも相当効果が高く、それまでと比べて格段に問題が解けるようになりました。**また、1週間も集中して取り組んだことが、自信にもつながった。その後、解けない問題にぶつかっても、〝夏休みに集中的にやった〟という経験から、妙な苦手意識を持たずにすみました」

と、彼は語っている。

「勉強30分、休憩10分」の時間術

長時間集中して勉強しない方針

友部明彦・文科１類１年

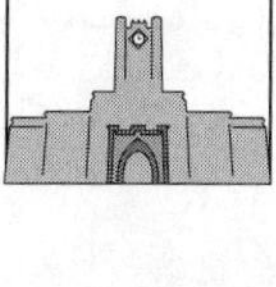

勉強時間と休憩時間の配分について東大生たちに話を聞いてみたところ、「90～１２０分勉強したら、10～20分休憩を入れていた」という回答が最も多かった。実際、人間の集中力が続くのは「90～１２０分程度」との説はよく聞くところだ。

また、複数の学生が「入試の制限時間を基準に勉強時間を設定していた」と語っており、試験本番における時間感覚を養うため、といった側面もあるようだ。

しかし、友部明彦さんの勉強時間の単位は、ほかの東大生たちと比べるとかなり短い。彼は**「20～30分勉強するごとに、5～10分休憩を入れていた」**というのだ。

「僕の場合、長時間続けて勉強するのが得意ではないんですよ。いろいろ試してみて、自分は30分を過ぎたぐらいからガタッと集中力が落ちるということに気づいた。それなら30分単位で勉強しよう、と。ほかの子が2時間みっちり勉強していることを考えると、休憩が多いかもしれない。でも、それで高い集中力が維持できるなら、周囲にまどわされず、効率のよい勉強をした方がいいだろう、と思って」。

確かに、集中力が途切れた状態で勉強しても、効率はよくないだろう。とはいえ、前述のように東大入試における制限時間は90分から、教科によっては150分に設定されている。学校や塾の授業時間を見ても、60〜90分前後というのが主流だ。彼のように「20〜30分単位での勉強」に慣れてしまうと、やはり差し障りがあるのではないだろうか。

そんな疑問に対する彼の答えは、いたって明快だ。

「試験でも授業でも、設定された時間の中で自分なりに時間配分をすればいいだけのことです。**試験の制限時間が120分なら、30分間は集中して問題を解いたら、5分間は頭を休めつつ見直しをする、といった具合に。**授業も、集中して聞くときとちょっと集中を緩めるときと、僕は自分なりに配分していましたよ」

とした上で、次のようにも語った。

「人間の集中力の限界は×分だ、とかよく聞くけど、実際のところは人それぞれですよ。〝人間の集中力の限界は〟とか〝入試本番の制限時間は〟といったことにとらわれて効率の悪い勉強をするよりも、自分の集中力の限界をよく把握して、上手に勉強していく方が、よほど効果が高いはずです」。

気分次第でもスムーズにこなせるワザあり計画表

勉強計画は細かく立てるとやる気がなくなる

林下倫子・理科1類2年

「1日に○ページ進めていく」といった毎日のノルマを決め、きちんとした計画に基づいて勉強していたという東大生は、実は少ない。「必ずしも計画通りには進まないので、臨機応変に対応できるような計画を立てた方がいい」として、大半の東大生は、「○月までにこの参考書を終わらせる」「×月までに基礎問題は解けるようにする」といった大体の計画を立て、勉強を進めていたようだ。

林下倫子さんも、教科ごとに大まかな計画を立てて勉強してきたうちのひとりで、

「勉強計画を細かく立てて進めていくのは、イヤだったんです。その日の気分で、やりたくない教科というのもあるし、細かく計画を立てたのにその通りに進まないと、やる気がなくなりそうだったから。ただ、勉強を進める上で、ある程度の目安としての計画は立てておいた方がいい、とも考えていました」

という。さらに、次のようにも考えていたようで、

「計画を立てておいた方がいい、とは思っていたけど、その日の気分で勉強する教科を決めていきたかった。〝月曜日は数学と英語、火曜日は歴史と古文〟みたいに、その日にやる教科を事前に決めることも、したくなかったんです。それでも、各教科まんべんなく進めたくて……結構わがままな希望ですよね（笑）」。

そこで、彼女はこの〝わがままな希望〟をクリアするべく、独自の計画表を作ることにしたという。

1マス＝1時間で作るワザあり計画表

彼女が作っていたという計画表は独特だ。

まず各教科ごとに、1カ月間のノルマを決め、同時にそれぞれの教科について1時間の勉強時間を目安に、進められる分量を設定するという。

「例えば、英単語の暗記は○語、数学の問題集は○ページまで、といった具合に、1カ月間で終わらせたいノルマを決め、その上で〝英単語なら1時間で20語暗記できる〟〝この数学の問題集なら1時間で5問だな〟と、1時間ごとの大体の目安を

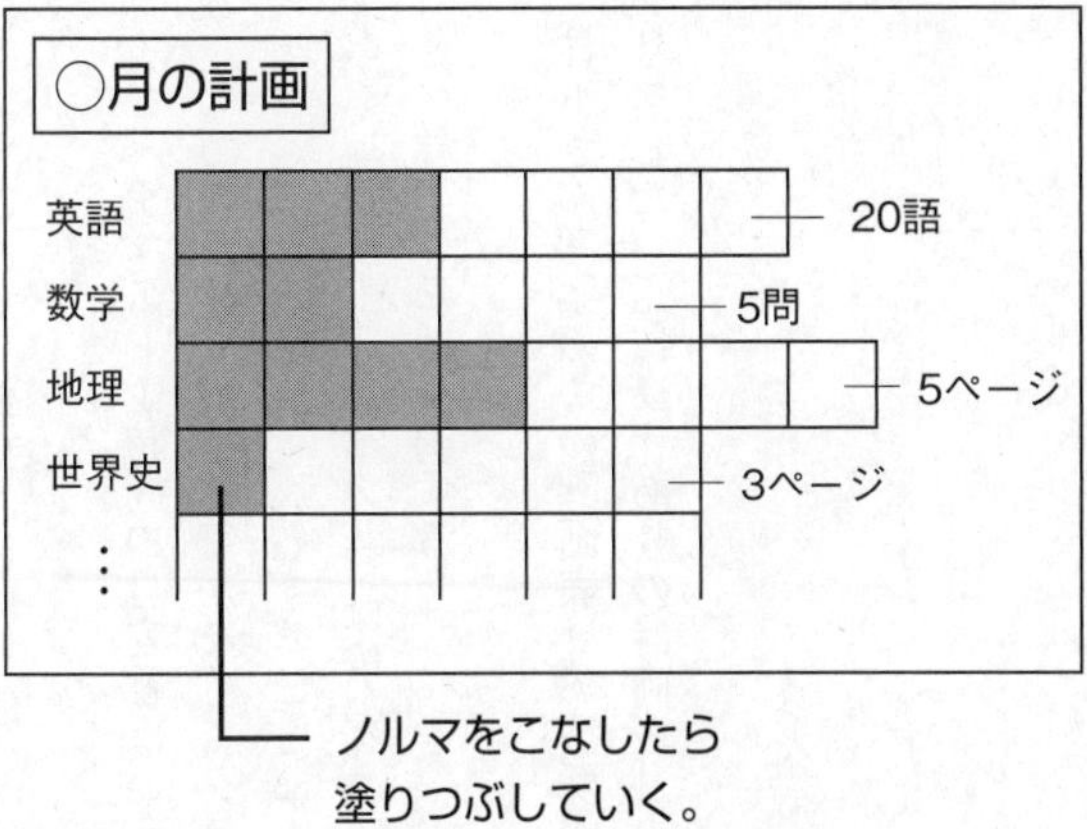

出すんです」。

次に、1枚の用紙に各教科ごとのマス目を書いていく。この用紙は1カ月分の計画表となり、マス目は1マスにつき1時間を表している。また、書かれるマス目の数は、各教科ごとの1時間に進められる分量と決めたノルマで計算した分を、書いていくのだ。

「このとき、〝数学は50マス（＝50時間）あるのに、古文は20マス（＝20時間）しかない〟などといった極端なバラつきが出てしまったら、ノルマをある程度調整します。**そうやって1カ月分の計画表が完成したら、あとは1日ごとにこなした分だけ、マス目を塗りつぶしていくんです**」。

こうして日々、こなした分のマス目を塗

りつぶすことで、教科ごとに進度のムラが生じたら、ひと目でわかるというわけだ。

「また、1マス＝1時間の目安とはいえ、実際には1マス分の勉強量をあらかじめ設定しているので、やる気がなくてダラダラと無駄に時間をかけて勉強してしまった、なんてときには、反省することにもつながります。マスを塗りつぶすときに、〝あー、この1マスに、今日は倍の2時間もかけちゃったのか…〟って」

と、林下さんは説明する。

林下さん考案のこの計画表は、彼女がいうところの〝わがままな希望〟を十分にクリアした、正にワザありの計画表といっていいだろう。

暗記科目と普通科目を1セットで考える

机に向かって長時間の暗記モノはNG

鶴田早紀・文科3類2年

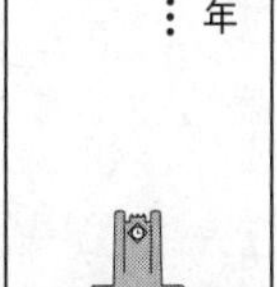

英単語や古文単語、あるいは歴史用語などの暗記モノは、「机に向かって長時間やるものではない」として、登下校の電車の中や学校休憩時間などのすき間時間を使ってこなしていた、という東大生は多い。その理由としては、「暗記勉強はどこでもできるので、机に向かってわざわざするのはもったいない」「暗記モノを長時間やるのは飽きてくるし、効率的ではない」「勉強すべき事柄はたくさんあり、暗記にそこまでの時間をかけていられない」といった声が上がっている。

鶴田早紀さんも、**「暗記モノを机に向かって長時間じっくりやるのは、違うと思います」**という意見だ。ただし彼女の場合、ほかの大多数の東大生のように登下校の電車の中や休憩時間ではなく、別のすき間時間に暗記をしていたという。

では、彼女は一日のどの時間を使って、暗記モノに取り組んでいたのだろうか。

〝ほんの5分の暗記〟で頭をリフレッシュ

「暗記モノは毎日少しずつ進めたい、と考えていたんです。一気に詰め込んでもすぐに忘れちゃうし、無理なく少しずつ覚えていく方が記憶の定着がいいような気がしていましたから。それで私の場合、暗記モノはほかの勉強とセットにしてこなしていくことにしていました。**例えば、数学をやっていてちょっと気分転換をしたいときに英単語の暗記をする、といった具合に、違う教科の勉強の合間に、暗記モノを挟んでいたんです**」

彼女によると、数学や物理、あるいは英語長文といったじっくり取り組むような教科を勉強していて煮詰まったときや、ちょっと違う勉強をしたくなったときに暗記モノを挟むようにしていたようで、

「気分がガラリと変わるのが、よかったですね。頭を使って勉強している合間の暗記だから、そのままのテンションで取り組めて、意外とはかどりましたよ。その教科の勉強が終わって、最後に残った暗記モノを片づけてしまおう、なんていうときも多く、〝よし、これを片づけたら終わりだー！〟って、自分の中で盛り上がった

り（笑）」

と、語っている。

また、毎日の勉強計画も、ほかの教科と暗記モノをセットにしたスタイルをベースに立てていたのだとか。

「〝火曜日の午後4時～6時は数学＋英単語20語暗記、夜9時～11時は英語の問題集＋地理用語集4ページ暗記〟といったように、暗記モノは全部、ほかの教科とセットで考えていました」

ということだ。

そして、鶴田さんは次のようにも述べていた。

「英単語や古文単語、社会教科の用語などの暗記モノは、1コ1コの要素が独立しているため、こま切れに覚えられるのが特徴です。なので、〝ほんの5分だけやってみて、頭をリフレッシュさせよう〟といったやり方に意外と向いています。暗記モノというと、ツラくて大変なものというイメージがあるけど、それは短時間に数多く詰め込もうとしているから。勉強に疲れたときなどに、半ば楽しむようにほんのちょっとだけ取り組むようにすると、そんなにツラく感じず、いい気分転換にもなるはずですよ」。

こんな勉強法も効果あり！④

☆勉強時間は30〜60分の短い単位で（3年・女性）

同じ教科をやり続けるのは集中が切れてしまうので、短い時間で教科をコロコロ変えるようにしていた。新鮮味を保ちながら、飽きずに勉強できた。

☆英語の暗記はページを決め、すき間時間に何度も目を通す（4年・男性）

英語の暗記は長時間取り組まず、「毎日のすき間時間のみ」と決めていた。また、毎日こなすページ数だけは決めておき、ちょっと時間が空いたらそのページを何度も見返すようにしていた。少しのすき間時間でサッと見るだけなので負担はほとんどなく、それでいて毎日のことだから、結構暗記が進んだ。

☆数学は2〜3分の空き時間にどんどん取り組む（4年・女性）

数学の問題はじっくり解く必要がある、として、長時間机に向かうときじゃなければ取り組まないという人が多いけど、実は数学こそ空き時間にどんどんやるべきだと思う。問題をサッと見ておけば、歩きながらや、電車に乗っているときでも、頭の中で解法を考えることができる。

☆「効率的な勉強」に重点を置かず、まずは机に向かうべし（3年・男性）

「いかに短時間で効率よく勉強するか」ということばかりを考えている受験生が多いが、そういったことを言う人たちはそもそもそれ以前に、勉強時間が圧倒的に不足している。「効率的な勉強法を」と考える前に、まずは今までのやり方でよいので、1日7〜8時間は机に向かってみてほしい。成績と勉強時間というのは、必ず比例するものだ。

☆勉強する空間と休む空間をはっきりと分ける（3年・女性）

学校、電車の中、塾の自習室は勉強する空間で、家は休む空間と決めていた。こうしてはっきりと決めておくと、〝電車に乗ったら参考書を開く〟というように自然と勉強に取り組めるし、メリハリがついて集中できる。

眠気をガマンしての夜勉強は効率悪し

みんなよりひと足先に勉強することで生じる余裕

長谷川詩織・理科1類2年

勉強は朝やるべきか、それとも夜に取り組むべきか、意見が大きく分かれるところだ。今回、東大生たちに調査をしたところでは、「夜勉強していた」という学生が約39％、「朝勉強していた」学生は約20％、そして「時間帯にこだわらず勉強していた」学生は約41％で、夜派の学生は朝派の学生の2倍という結果が出ている。

一般に、朝に勉強するメリットとしては、「脳の働きという面では、朝に勉強するのが最も効果が高い」「朝は一日の中で一番やる気に満ちているので、清々しい気持ちで勉強に向かえる」といった意見が多く、一方、夜に勉強するのは「長時間じっくり取り組める」「静かな夜が一日の中で一番落ち着いて勉強できる」といった点が特長、という声が多い。とはいえ、結局のところはどの時間帯に勉強するのが効率的かは人それぞれで、前出の調査結果にあるように「時間帯にこだわらず勉強する」のが一番なのかもしれない。

さて、長谷川詩織さんは〝朝勉強〟派だ。彼女は朝早くに学校へ行き、みんなよりひと足先に勉強をしていたという。

「もともと私は夜がダメなタイプで、すぐに眠くなってしまうんです。なので、夜はいつも11時には寝ていましたね。その分、朝早く起きて、7時には学校に到着するようにしていた。学校に自習室があったので、毎朝そこで8時30分までの約1時間ちょっと、勉強する習慣がありました」

と、長谷川さん。朝勉強するのは清々しく、また一日の授業も良いコンディションで受けられたという。

「ほかの子よりも一歩先に勉強をスタートしている、というのが何よりよかったです。気分的にも、余裕ができますから。**それに、朝早起きするためには、夜早く寝る必要がある。これも、〝寝るまでの時間は少ししかないから、集中して勉強しよう〟という気になれて、効果的でしたね。**眠い中、ガマンして勉強する、なんてこともないし。朝の勉強はメリットだらけですよ（笑）」

と、彼女は語った上で、次のように続けた。

「早起きはツライってよく聞きますが、朝に勉強するメリットを実感すれば、〝よし、頑張って起きるか！〟という気になれるはずですから」。

最も元気な朝の時間に勉強を

一日の終わりで疲れる夜の勉強はダメ

今村良樹・文科1類2年

今村良樹さんも前ページの長谷川さんと同様、〝朝勉強派〟だ。そして彼も、朝勉強するメリットとして、

「みんなが寝ているときにひと足早く勉強しているのが、余裕につながった。〝この時間でみんなに差をつけてやれ〟という前向きな気分になれたのがよかった」

といった点を上げ、さらには次のような意見も語っている。

「寝ている間に記憶が整理されるから、勉強の復習は翌朝やるといい、と聞いたことがあるんですよ。実際、朝復習すると、頭への定着がいい気がした。それに、夜は一日の終わりで疲れているけど、朝は一日の中で一番元気な時間帯。そういった点からも、やっぱり勉強は朝やる方が効率的だと思いますね」。

夜の勉強は眠くてはかどらない、と日頃から感じている人は、彼らの意見を参考に、思い切って朝型に切り換えてみるのもよいのではないだろうか。

敢えて区切りの悪いところで休憩を挟むテク

キリのいいところでの休憩はうんざり感倍増

野沢大地・理科2類2年

勉強の合間の休憩というと、「時間の区切りのいいところで」か「勉強内容でキリのいいところまで終わったら」といったタイミングで挟む人が大半だろう。

ところが、野沢大地さんの休憩タイミングは少々変わっている。彼は、敢えて「キリの悪いところで」休憩を入れていたというのだ。

「それまでは僕も、ページの最後や章の終わりなどで休憩を挟んでいました。でも、それでは達成感が大きすぎるんですよね。〝やった、終わったー！〟という感が強すぎて、休憩後に再開するのが気分的に大変だった（苦笑）。**ゼロから新しく勉強を始めるのって、ちょっとした〝うんざり感〟があるじゃないですか。それで、キリの悪いところで休むことにしたんです**」

と、野沢さんはいう。特に意識していたのは数学だそうで、

「次の章の1問だけ解いてから、とか、反対にページ終わりの最後の1問だけ残し

ておく、といった風にしていましたね。こうすると、休憩後も比較的スムーズに勉強の態勢を取り戻すことができます」

ということだ。

〝記憶が薄れるまでに再開しなくては〟の危機感を利用

また、野沢さんの場合、休憩をはさんで同じ教科を続けることはあまりせず、違う教科を交互にやることが多かったのだとか。

「僕の勉強スタイルとしては、初めから〝今日は数学、日本史、英語をやろう〟と決めるのではなく、気分が一番乗りそうで、最もはかどりそうな教科をその都度選んで進めるようにしていたんです。なので、同じ教科を続けてやる気分になることが少なく、各教科交互に取り組むような形になっていた。いろいろな教科を交互にやることで、気分を一新させていたようなところがありますから」

と、彼は話している。

しかし、前述の「キリの悪いところで休憩をはさむ」やり方に則ると、「次章の内容に少し手をかける」や「同じテーマの最後の箇所だけ残す」状態で勉強が中断しているはずだ。これを休憩直後に再開するならまだしも、違う教科を挟んだあとや、場合によっては翌日以降に再び取り組むとなったら、内容を一部忘れるなど、少々やりづらいのではないだろうか。

そんな疑問に対して、彼は「実はそれも狙いのひとつなんですよ」として、次のように答えている。

「前回、中途ハンパな状態で終わっていると、やっぱり気になります。すると、**〝記憶が薄れる前になるべく早く再開しなくては〟という気分になって、モチベーションが上がる。**休憩を挟んだり、違う教科を手がけると、また戻ってくるのが億劫になったりするじゃないですか。〝またさっきの続きをやるのか……〟と。それで何となくやる気になれず、結局そのままその日の勉強を終えちゃった、という失敗を過去に何度か経験しているので、そういったことを防ぐためにも、〝キリの悪いところで、気になりつつも中断〟の手法を採っているというわけです」。

ちょっとした気分の持ちようで、勉強に対するやる気は意外と変わってくるもの。自分の気持ちを上手にコントロールするような野沢さんのこのやり方は、参考にできる部分があるのではないだろうか。

日常に転がっている1~2分を活用

十数分のすき間時間でも暗記には長い

宮島駿・理学部4年

すき間時間を使って、暗記モノに取り組んでいたという東大生は多い。「一日の時間は限られているので、時間があったら少しでも勉強を進める」という高い意識なくしては東大突破はかなわない、といったところだろう。

宮島駿さんも、すき間時間を使って暗記をこなしていたひとり。しかし、彼が使っていたという〝すき間時間〟は、少し特殊かもしれない。

「もともと僕は、集中力が続かないタイプなんです。特に暗記モノは、〝机に向かって1時間〟とかは絶対無理でした。電車の中や学校の休み時間に暗記をしていた、という話もよく聞くけど、それも自分にとっては長く感じた（苦笑）。暗記作業は単調だから、長い時間だとどうしても気が散ってしまう。それなら、その時間は参考書を読むなどの勉強に充てた方がいいでしょう。そこで暗記モノに関しては、一日の中のちょっとした短いすき間時間だけを使ってこなそう、と思っていましたね」

という宮島さんだが、**彼が暗記モノをこなす時間として狙いを定めたのは「一日の中に少しずつ散らばっている1～2分」**。

さて、これは一体どういう勉強法なのだろうか。

1～2分のすき間時間には必ず暗記するルール

〝すき間時間〟というと、「通勤、通学で電車に乗っている時間」や「学校の休み時間」、あるいは「カフェやレストランでの待ち時間」「帰宅後の食事時間前」といった時間をイメージするだろう。ところが宮島さんがいうところの〝すき間時間〟は、もっと短い単位の時間だという。

「例えば、学校の授業開始のチャイムが鳴って席につき、先生が授業を開始する前のほんの1～2分や、家でテレビを見ているときのCMの時間、テーブルに座ってご飯が並ぶ前の2～3分といった時間です。こうしたこま切れの時間というのは、一日の中で案外転がっているものです。これらのすき間時間には必ず暗記をする、と自分の中でルールを課していました」

と、宮島さんはいう。

また、こうしたさまざまなすき間時間で何を暗記するのかというのも、事前にある程度決めていたそうで

「学校などの外出中にできたすき間時間には社会教科の用語を、テーブルで食事が並ぶのを待っているときは数式や物理を、テレビのCM時間は英単語を……といった具合に、何となく決めていましたね。そして、ペースがつかめるようになった頃からは、その日にこなす分量も設定していました。〝外出中に○ページまで、食事前には○ページまで、テレビのCM時間と入浴前の時間は単語○語〟と決めて、計画どおりに終わらなかった分は、寝る前にまとめてすませるようにしていました」

ということだ。

彼によると、こうしたこま切れのすき間時間ならサッと見てすぐに終わらせることができるため、さほど気負わず暗記に取り組めた点が良かった、とか。さらには

「気づいたら結構勉強していた」というお得感もあり、効果も高かったようだ。

「10分以上の空き時間というのはそんなに見つからないけど、1～2分単位のすき間時間なら、日常で案外散らばっているものですから」

と、彼は語っている。

長時間単位で勉強VS短時間単位で勉強

東大生たちの受験期における一日の勉強時間は、やはり多い。学校のある平日でも「1日5時間以上は普通に勉強していた」と事もなげに語る学生がほとんどで、彼らの勉強にかける熱意と真剣さには驚かされる。とはいえ、もちろんその時間分を連続で勉強しているというわけではなく、「平均5時間以上」というのは、一日のトータルの数字だ。では、彼らは1回の勉強時間の単位を、どの程度に設定していたのだろうか。

今回、東大生たちに調査したところでは、「2時間以上の長時間単位で勉強していた」という学生が最も多く、全体の約51％に上った。次いで多かったのが、「時間単位にこだわらず、そのときの気分で」という学生で約33％、「1時間前後の短時間単位で」という学生は約16％と、最も少なかった。

〝2時間以上の長時間単位〟派の意見としては、「じっくり勉強するのなら2時間は必要」といった声が多く、「長時間やらないと進んだ気がせず、成果が見えづらいのでモチベーションに影響する」や、「長時間の勉強時間で、1〜2分程度の小休憩は挟んでいた」といった声も上がっている。

反対に、〝1時間前後の短時間単位で勉強〟派は、「集中力の限界は1時間ぐらいなので、こまめに休憩を挟んでメリハリをつけて勉強した方がいい」といった考え方が多く、そのほか、「本番の試験時間は90分だから、それに合わせた」「長時間単位での勉強は、うんざりする」「すき間時間を勉強に充てていた。長時間勉強するより効率的だった」といった意見も出ていた。

そして、〝時間単位にこだわらず、そのときの気分で〟派だが、「勉強したい気分にはムラがある。〝○時間単位で〟と決めるのではなく、その時々の気分に合わせて時間設定した方がはかどる」といった意見に集約される。

結論：勉強する、と決めたらしっかり取り組める意志の強いタイプなら、長時間単位で勉強した方がいいのは言うまでもない。しかし、実は東大生といえど、半数の学生は「短時間単位で」か「時間単位にこだわらず、そのときの気分で」勉強に取り組んでいたというわけで、やはりツライ勉強に向かうには、あまり根を詰めず、上手に息抜きをするのが重要、ということだろう。

第4章

定番手法の一歩先行く！

東大生の「ユニーク勉強法」

つまずいた内容は紙に書いて家中に貼り出す　岡野光男・理学系研究科修士1年

苦手をまとめたノートは意外と見ない

自分がわからなかった内容や覚えづらいところ、あるいは何度挑戦してもスムーズに解けない難問のみをノートにまとめ、復習に活用するという勉強法は、比較的ポピュラーだ。東大生の中でも、このやり方を採っていた学生はよく見受けられる。1冊のノートに自分の苦手な部分のみがまとまっているため、空き時間や試験前などに見直すと、参考書や問題集に目を通すよりも効率的に弱点を克服することができる。試験対策としては、なかなか効果が望めるやり方といえるだろう。

しかし、こうした**〝苦手まとめノート〟**は**「あまり役に立たなかった」**というのが岡野光男さんだ。

「数学で解けなかった問題の解法や、何度も忘れてしまう英文などをノートにまとめていたこともありますが……結局見ないでそのままになってしまうことが多くて、僕はほとんど活用できませんでした」

という。岡野さんによると、各教科ごとにこうした〝苦手まとめノート〟を作ってみたのだが、そのノートを手にしようと自分からよほど強く意識しない限りは、開かないままで終わってしまうことが多かったのだとか。

「そもそも自分がつまずいた内容は、やはり見ていて楽しくないし、ストレスにすら感じてしまう。そのため、どうしても避けてしまうんですよ。そこで、やり方を変えることにしました。苦手箇所をノートにまとめるだけでは、無意識の内にそこから逃げてしまう。そうならないよう、むしろ積極的に攻めざるを得ない姿勢を、自分でつくってみよう、と」

とのことで、彼が編み出したのは、次のようなやり方だ。

用紙にまとめ直して、日常目に触れる場所に

「苦手なところやどうしても覚えづらい内容は、何度も見て復習することが重要です。そこで、まずは解けなかった問題や苦手な箇所をその都度メモ書きし、それをその日の内に、Ａ４のコピー用紙にシンプルにまとめ直しました。苦手内容をまとめ直すのは、勉強したその日中にやっておかないと、見返すのがイヤになっちゃい

ますから（苦笑）。そして、**まとめ直したA４用紙を、家の中の自然と目に飛び込んでくる場所に貼り出しておくことにしたんです**」

と、岡野さん。彼が苦手内容のまとめ用紙を貼り出した場所は、自分の部屋、トイレ、廊下の曲がり角などの５～６カ所ほどで、

「そこを通るときにはイヤでも目に飛び込んでくるので、自然と一日に何度も見直すことになるんです。貼り出した紙を目にすると〝小テストで、つまずいたところだ〟って何となく足が止まって……これを繰り返すと、どうしても覚えられなかった内容なども、比較的スムーズに頭に入ってきましたね」

という。彼の実感としては、「苦手内容の復習だ」と身構えてノートを開くよりも、日常のふとしたときにそうした内容が目に飛び込んでくる方が、比較的抵抗なく自然と頭に定着したそうだ。

なかでも数学が特に効果が高かったようで、

「**学校の予習や塾の授業で解くのに手こずった問題や、模試で解けなかった問題を用紙にまとめ直して貼り出しておくと、チラッと目にして通り過ぎながら、頭の中で問題を解く習慣がついて、これが思いのほか良かったみたいです。**初めの内こそその場で考え込んだり、内容を確認しに戻ったり、といった調子でしたが、何度も

繰り返し頭の中で解くことで、その内にチラッと目にしただけで、その解き方がダーッと浮かんでくるようになりました」

とのことだ。

「もう大丈夫」なら迷わず捨てる

また、苦手内容をまとめたこのA4用紙は、「もうこの部分は大丈夫」となったらはがし、次々と新しいものに貼り替えていたという。

この点について岡野さんは、

「毎日の勉強でつまずく部分はどんどん出てくるから、覚えなきゃならない用紙が増えるのと、貼り出して覚えた用紙を捨てるのと、追いかけっこみたいになっていましたね。でも、それもかえって良かったのかもしれません。〝ここに貼ってある内容を覚えて、早くこのスペースを空けないと溜まる一方だぞ〟って危機感が湧いたから（笑）」

と、語った上で、この勉強法のもうひとつのポイントとして、次のような点も上げている。

「**はがした用紙ですが、これはそのまま捨てるようにしていました。**自分のつまずいた弱点がまとめてあるのだから、取っておいて何かのときに確認したくなるところですが、僕は敢えて取っておかなかった。前に作っていた〝苦手まとめノート〟のときに感じたことなんですが、**取っておくようにすると、〝あとでまた見直せばいいや〟って気持ちに傾いてしまって、本気で向き合えないというか……**。それよりは、その都度きちんと覚えてしまった方が絶対にいい。同じところにまたつまずいたとしても、そのときにまた紙に書いて貼り出せばいいだけのことですから」。

授業でつまずいたところや、どうしても覚えられない内容をあとでじっくり見直そうと、ノートにまとめている人は多いだろう。こうしたノートにきちんと取り組めるタイプなら、このやり方ももちろん悪くはない。

しかし、自分が苦手とする内容というのは、どうしても避けたくなるもの。苦手内容満載のノートを自発的に見返し、何度も取り組める自信があまりない人は、日常的に目に触れざるを得ない場所に貼り出すという、岡野さんのこの手法を試してみてはどうだろうか。きっと、一定の効果が望めるはずだ。

塾の勉強だけに頼らない

学校の授業は何となく聞いて苦手教科を克服

志田沙織・医学部4年

塾に通っていた学生の中で、塾の講義を重視し、学校の授業はほとんど聞いていなかった、という人は意外と多いのではないだろうか。「学校の授業をおろそかにすべきではない」というのも正論だが、授業のレベルや教師の教え方などに問題があることから、どうしても塾のカリキュラムに重きを置かざるを得ないケースは多々ある。実際、こと受験対策という点においては、塾のカリキュラムが学校の授業より優れている面があるのは事実で、学校の授業をおろそかにすることが、必ずしも〝間違っている〟とは言い切れないだろう。

また、学校の授業はすべて聞いていなかった、とはいかないまでも、苦手な教科など、ある特定の教科に限っては全面的に塾頼りにしていた、という学生も多く、こうした例の方が主流かもしれない。

しかし、志田沙織さんは、塾に通っていながらも「苦手な教科ほど、学校の授業を重視していた」という。

「塾でとてもわかりやすい講師の授業を取っていて、それを中心に勉強していましたよ。でも、たとえ理解できなくても、学校の授業を聞くことは大事です」

というのが彼女の言だ。

何となく聞いて耳慣れた用語を増やす

志田さんは現役時代、物理が苦手だったそうで、

「塾で評判の講師の授業を取ることにしました。そして、塾に通うなら学校の授業は聞かなくてもいい、その分違う勉強をしよう、と思って、一時期は学校の物理の授業中は、内職ばかりしていました」

という。しかし、いかに塾の講義がわかりやすかったとはいえ、やはり苦手教科なだけに、なかなかスムーズについていくことができず、

「講義を聞くことがツラくて、帰ってからの復習も気乗りがせずに、勉強がはかどらなかった。そもそも、苦手な教科というのは、一発では理解できないんですよね。だからこそ、〝苦手教科〟なんですが（笑）」。

そこで、今までは内職するか居眠りしていた学校の授業も、少し前向きに聞いてみることにしたそうだ。

「たまたま学校の授業と塾の講義内容が少しカブっているときがあって、何となく学校の授業を聞いてみたんです。といっても内職の合間に、ちょっと聞いていたぐらいですが。でも、**流し聞きでも、ちょっとした用語やポイントが結構頭に残っていて、その日の塾の講義がいつもより少し受けやすくなった**。そんなことから、学校の授業も聞くだけは聞くようにしようかな、と思い始めました」

と、志田さん。実際に、その日から学校の授業を何となく流し聞きするようにしたところ、徐々に次のような効果が出てくるようになったという。

「学校の物理の授業が私にはわかりづらく感じて、相変わらずじっくりと聞く気にはなれませんでした。ただ、授業を何となく聞くようにしているだけでも、不思議と物理の用語やキーワードが、ちゃんと理解はできないながらも、頭に入ってきた。そのうちに、塾の講義を聞いて〝この用語、なじみがある気がする〟とか〝この流れは以前、なるほどって思った覚えがあるぞ〟といった具合に、ピンと来るようになってきたんです」

というわけだ。

もともと、学校の授業と塾のカリキュラムでは進度にズレもあったため、〝学校の授業内容が予習代わりになった〟というほどの効果はなかったようだが、それでも志田さんいわく、

「耳慣れた用語が自然と増えていった、というのが実感です。そのおかげで、物理に対する苦手意識が小さくなりましたね。意味はわからないながらもピンと来る言葉がちょっとでもあると、それだけで少しは親しみがわいて、内容にも興味がわくものです。まあ、気分的な問題ですけどね（笑）。でも、そのおかげで、塾の講義も以前よりは受けやすくなったのは、間違いありません」

とのことだ。

子ども向けの英会話教室などでは、苦手意識をなくすためにもまずは、遊びを通じて聞き慣れた英単語を自然と増やしていき、英語に対して親しみを持たせるという。このやり方と同様に、どんな教科であれ、聞き慣れた用語を増やしていくと、その教科に対しての苦手意識が減り、前向きに取り組む意欲が出てくる、と考えていいだろう。

身振り手振りの演説を披露して暗記

キーワードを隠しながらの勉強法は恥ずかしい

佐藤厚志・文科3類2年

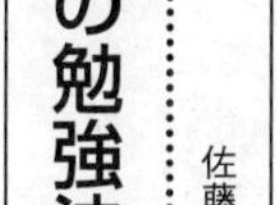

日本史や世界史などの歴史教科で、用語を赤シートで隠したり、あるいは用語をリング付きの単語カードに書き込んで、何度もめくりながら暗記していく勉強法は一般的だ。重要なキーワードを隠し、一問一答形式で自分に問いながら暗記していく、というやり方は、多くの受験生たちが好んで採っていることからも、一定の効果が望めるのだろう。

一方で、〝内容の一部を抜き出し、そのキーワードだけを暗記していくようなやり方は合わない〟として、これらの勉強法をNGと考える学生も実は多い。佐藤厚志さんもそのひとりだ。

「日本史を赤シートや単語カードで暗記したこともありましたが、すぐにやめちゃいました。用語をただ覚えていくだけで、勉強に面白みが感じられなかったんですよ。それに、**全体の流れではなく、部分的に暗記していくことになるから、さほど**

重要ではない内容も一緒くたに覚えることになっちゃう。前に出てきた用語が、また違った記述の中で重複して出てくる、ということも多いですし。そういう点が無駄だな、と思って、このやり方はやめました」

という。さらに佐藤さんは、

「何より、参考書や単語カードを隠しながら勉強している様子は、いかにも〝マニュアル通りに勉強している受験生〟といった風で、恥ずかしかった（笑）。実際、ただ機械的に頭にたたき込むのでは、応用がきかないような気がしました」

とも語っている。

「〝マニュアル通りに勉強している受験生〟という感じがした」とは、少々考え過ぎの感があるものの、それでも「用語をただ機械的に暗記していくだけでは応用がきかない」という彼の言い分は一理ある。

では、佐藤さんはこの手法を捨て、どのような勉強法に行き着いたのだろうか。

キーワードを見て演説ができればOK

赤シートで隠したり、単語帳をめくりながら要点を暗記していく勉強法はやめ、佐藤さんは歴史の流れをきちんと頭に入れるという、ある意味〝王道〟ともいえる手法を採ることにした。ただし、そのやり方が何ともユニークだ。

「まず、全体の流れをしっかり頭に入れていこうと考えた。そこで、ノートに要点をまとめて、演説をしながら覚えることにしました」

佐藤さんは、日本史の流れを自分なりにノートにまとめていき、それを聴衆に向かって演説するイメージで、実際に口に出しながら覚えていったというのだ。

「参考書や教科書をもとにノートに流れをまとめ、それを見返しながら内容を頭に入れていきます。ある程度理解できたな、と思ったらノートを片手に、部屋の中でひとりで演説をするんです。これでスラスラと口から出るようならOK。しゃべっていて内容がわからなくなったり、引っかかったりしたらもう一度復習し直す、というわけです」

と、佐藤さん。また、実際に口に出して演説するときには、「ノートを読む」のではなく、「ノートをチラッと見ながら演説をする」のがポイントなのだとか。

「ノートに書かれたキーワードや記述をチラッと見ながら、聴衆にスラスラと説明するイメージです。それができるというのは、全体の流れがきちんと理解できて頭に入っている、ということですから。キーワードを見てその場で流れを説明することで、改めて知識が自分の中で整理される、というメリットもありましたね」

と、彼はいう。さらに、

「演説をするときは身振り手振りも入れて、思い切ってやるのがおすすめです。僕は、家に誰もいない時間を狙って、リビングでやっていましたよ（笑）。自分の知識を披露するのってちょっとした快感もあるから、人前で演説するイメージで思い切って派手にやってみると、なかなか楽しいものですよ。それに、その方が頭にも入ってきやすい」

と語っている。

〝ある内容について自分が本当に理解しているかどうかを確認したければ、人に説明できるか試してみるのが一番〟というのは、実は今回の取材で東大生たちの複数人が口にしていたひとつの真実だ。

キーワードが書かれたノートを片手に、聴衆の前で自分の知識を披露する――もちろん、〝聴衆〟はあくまでも想像上のイメージだが、楽しみながらでき、それでいて高い効果が望める良い手法といえるのではないだろうか。

こんな勉強法も効果あり！⑤

☆わからない英単語だけを書き込み、敢えて和訳は書かない英単語帳を活用（3年・女性）

わからない英単語をメモ帳に書き留めていた。その際、日本語訳は書かないようにしていた。その後メモ帳を開き、意味が頭に思い浮かんだ単語にはチェック印を付け、出て来なかった単語はその都度辞書で調べていた。こうすると、何度も辞書を引くことになるから自然と印象に残り、暗記しやすい。

☆ノートの表紙に自分の弱点をデカデカと書き出す（3年・男性）

自分がいつも間違えるポイントや覚えきれていない内容を、ノートの表紙にマジックペンでデカデカと書いていた。こうするとイヤでも目に入るし、結構恥ずかしいので自然と覚えられる。

☆メモ用紙を常に持ち歩き、覚えたい事柄をその場で10回書いて暗記(2年・男性)

暗記しておきたい内容を目にしたら、いつでもその場で覚えられるよう、メモ用紙を持ち歩いていた。授業などで「これは覚えておこう」と思ったら、そのメモ用紙にその場で10回書いて暗記。暗記事項は数多く溜まると、覚えるのが大変になるが、その都度こまめに頭に入れていけば、あとは記憶を定着するための見直し程度ですんでラク。

☆数学問題は深追いせず、すぐに解答と解説を見る(4年・男性)

数学の問題で解法が思いつかないときは、すぐに解答と解説を見るようにした。数学に関しては、一部の極めて優秀な人以外は、先達が編み出した解法を素直に見て学ぶ方がよく、何時間も書けて自分で解こうとするのは効率的ではない。解答と解法をじっくり見て学び、同様のパターンの問題を次回解けるのであれば、それでよいのだから。

わかりやすい演説をイメージして知識を整理

定番の暗記法では面白くない

佐藤厚志・文科3類2年

前ページで〝演説勉強法〟を伝授してくれた佐藤厚志さんだが、このやり方にはもうひとつ、大きなポイントがあるという。

「演説話法の技術みたいなことにもつながりますが、演説本番を目指してノートにまとめていく際、僕は大きなテーマをまず掲げて、そこから細かい内容に枝分かれさせて下ろしていく形で、知識を整理していきました」

例えば、「中世の農村について」の内容をノートにまとめるにあたって、彼はまず「中世の農村における自治的な共同組織について」と、重要な要素を盛り込んだテーマを掲げるという。その上で、「中世の農民は～といった状況だった」「中世の農民は～というやり方で共同組織を作っていった」「その共同組織内は、～という形式での自治を行っていた」といった具合に、ひとつひとつのキーワードを元に、それぞれ枝分かれする形で知識を整理し、まとめていったという。

「これは主に東大入試の論文対策として考えついたまとめ方なんですが、すっきりと整理された状態で頭に入ってくるのが何より良かった。実はこれも、〝演説をイメージする〟という考え方がベースになっています。演説するときには、順を追って内容をダラダラと展開していくだけでは、聞いている側からするとわかりづらいですよね。あるテーマについて、含まれている要素をそれぞれはっきりと分けて、そこからひとつひとつ枝分かれするように、順に説明していけば、理解もしやすいはずですから」

と、佐藤さんは語っている。

聴衆を前にわかりやすく演説することをイメージして知識をまとめるというのは、実は自分自身が内容を理解する上でも最適のやり方、というわけだ。佐藤さんのやり方は、知識をまとめる手法として大いに活用できそうだ。

新幹線の駅待合室を勉強場所に

自分の部屋では集中できない

佐々木勇斗・文科2類2年

勉強に集中できる場所というのは、人それぞれだ。今回東大生たちに話を聞いた限りでも「自分の部屋」「リビング」「塾の自習室」「図書館」「カフェ」など、さまざまな場所が上がっていたが、佐々木勇斗さんの〝勉強に集中できる〟として上げた場所は少々変わっている。彼は、**「新幹線の駅待合室」が最も集中できた、として頻繁に通いつめていた**というのだ。

「もともと鉄道が好きだったんですが、たまたま新幹線で帰る友人を（福岡県の）小倉駅まで送ったことがあって待合室に入ったら、とても居心地がよかった。それで、ここで勉強してみたらどうだろう、と後日試しに来てみたら、思った以上に集中できた。これはイケるぞ、と思って通うようになりました」

と、佐々木さん。それ以来、入場券で駅構内に入り、入場券が適用される所定時間の2時間分、待合室のテーブルで勉強するようになったそうだ。

「旅立つ前特有の高揚した活気のある雰囲気が心地よくて、不思議と勉強がはかどりました。他人の目があるのも、良かったのかな。勉強に飽きたら、ちょっとホームに上がって新幹線を眺めて気分転換もできたし」

と、佐々木さんは語り、次のようにも述べている。

「入場券を買わなきゃいけないので、毎回お金がかかるんですが、それもかえって良かったですよ。**〝お金を払ってるんだから、この時間を無駄にしたくない〟って思えて集中できた。2時間という時間制限があるから、ダレないですみましたし。**一日の勉強計画に〝新幹線の駅待合室で勉強する2時間〟をはさむことで、塾の自習室で2時間、新幹線待合室で2時間、自宅で3時間といった具合に、上手にサイクルがつくれたと思います」。

家や自習室などのひとつの空間にこもって勉強していると、意外と気分が滅入ってくるものだ。一カ所で長時間、集中して勉強するのももちろん結構だが、佐々木さんのように、非日常的な空間で勉強する時間をはさむようにすると、勉強サイクルのメリハリもつきやすく、気分転換にもなって悪くないのではないだろうか。

整理したはがきファイルを持ち歩いて復習

重要内容をノートに書き出す暗記は効率悪し

大島直輝・経済学部3年

教科書や参考書、あるいは授業内容をまとめたノートを見ていて、重要な部分や、特に重点的に覚えたいと思った事柄は、マーカーや色ペンで目立たせ、頭に入れていた、という学生は多い。それでも覚えきれない箇所にはフセンを貼ったり、別のノートに書き出したりして、頭に入れていく。そんな手法が一般的だ。

大島直輝さんもかつてはそのようなやり方で勉強を進めていたのだが、途中で手法をガラリと変えたのだそう。

「参考書や授業ノートを家で復習していて、より重点的に覚えたいという部分は、各教科ごとに改めてノートに書き出すようにしていたのですが、どうも合わなくてやめてしまいました」

という大島さん。もともと彼は、各教科を日にちごとに分けてじっくり進めるタイプだったそうで、

「今日は英語と物理、明日は世界史と国語……といった具合に、一日に2~3教科と決めて勉強を進めていったんですが、重点的に覚えたい箇所をノートにまとめるのも、そのときにやっていた。でも、一日にできる勉強量って結構限られていて、2~3日分の復習をし、重点内容もノートに書き出してそのときに暗記する、というのでは、時間が足りず効率も悪かった。特に授業内容については、重点的に覚えたい箇所はあまり時間をあけずに、その都度暗記した方が効率的だな、と思って、やり方を変えてみたんです」

という。

一日分の重要内容をはがきファイルに整理

「学校や塾の授業で、自分の知らなかったことや、重点的に覚えたいと思った内容があったら、なるべく時間をあけずにその都度暗記し、毎日まんべんなく進める方が得策」と思った大島さんは、そうした内容をはがきサイズのメモ用紙に、こまめに書き留めるようにしたという。

「授業を受けていて、〝これは頭に入れておかなくては〟と思ったものは、その場

大島さんの私物より。メモ用紙に覚えたい内容を書いたら、はがきサイズの専用ファイルに入れて持ち歩き、暗記を進めていくというわけだ。

でメモ用紙にサッと書き留めました」

　そして、彼の手法でユニークなのは次の点だ。

「これらのメモ用紙を、授業が終わったらはがきサイズの専用ファイルに入れていきます。これを、すき間時間や電車に乗っている時間を使って、その日の内に見て暗記していくんです。〝覚えたい〟と思った内容は後に回さず、その日の内に覚えていった方が頭に入ってきやすいですし。これなら、わざわざ暗記する時間を別に設けなくてもすみます」。

　また、その日の授業内容からピックアップして書き留めるため、ファイルの中は各教科が混在した状態になっていたようで、

「その日の学校と塾の授業からそれぞれ書き留めていくので、ファイルにはいろいろな教科が混ざって入っていました。受けた授業の順番に入れるようにしていたのですが、数学、世界史、英語、古文、英語、数学……といった具合に、同じ数学の教科が学校と塾であるときなども、敢えてそのままの順番通りに入れていましたね。また、書き留める際、用紙に余白が残っていても、その授業ごとに新しいメモ用紙に書くようにし、授業の順番通りに整理していったんです。こうすると、内容の区別がすっきりしたし、見直すときにも各教科がまんべんなく進んでいる実感があって、その点でも良かったですよ」

とのことだ。

そして、このメモ用紙は、一つの授業で1～3枚程度になることが多く、分量もちょうど良かったとして、彼は次のように語っている。

「一つのはがきファイルに1日分のメモ用紙が、ぴったりおさまる感じでした。1日のすき間時間を使って暗記するのにも、ちょうど良い分量でしたね」。

いらない用紙は捨ててファイルにストック

覚えたい内容を書き留め、ファイルに入れて暗記を進めたという大島さんだが、このメモ用紙はその後、次のように活用するという。

「はがきサイズのファイルにまとめたメモ用紙ですが、**これはその日の内に暗記をすませたら、すべて抜き出し、家に置いてある別の大型のはがきファイルに入れ替えるんです。この大型ファイルは各教科ごとにあり、それぞれ日にち順にメモ用紙を整理してストックしていくわけです。**このとき、完璧に暗記できたものや、もう必要ないと思ったものは、捨ててしまいます。あとで見直すときに、いらない内容がまだ残っているのはイヤなので」

とのことで、こうして重要内容がストックされたファイルは、改めて授業内容をじっくり復習する際や、試験前などでふと見直したいときに、パラパラとめくり、大いに活用されたというわけだ。

「小型のはがきファイルはめくりやすいし、持ち運びもしやすかったですよ。メモ用紙に書き留めるというのも、内容ごとに区切りがつけやすいし、いらない用紙は捨てて整理できる点もよかったです」

と、大島さんは語っている。

●東大生からの「勉強アドバイス」①

☆〝適度な無理〟をすべし

勉強は無理しない範囲でやっている分には、あまり伸びないもの。多少の負荷をかけてでも、難問に取り組んだり、少しハードな勉強計画に挑戦した方がいい。とはいえ、無理のし過ぎも好ましくなく、その案配は人それぞれ。「適度な無理」と「無理し過ぎ」の境目を、受験本番期を迎える前の中高時代の勉強で把握しておくとよい。そういった意味では、受験は中学時代から準備期間が始まっている、ともいえる。

☆好きになれそうな部分を掘り下げると「嫌いな教科」も「好き」に

ささいなきっかけから特定の教科を嫌いになる例は多いが、そこで見切りをつけない方がいい。その教科の一部分だけを見て嫌いになるのではなく、まったく違う部分を掘り下げてみると、意外と好きになったりするもの。食わず嫌いは、もったいない。

☆「勉強はツライもの」という意識を持たない

勉強はツライものと思うと、どんどんツラく感じてしまう。「勉強＝ツライ」という固定観念は捨てて、「勉強は楽しいものだ」と日々自分に言い聞かせながら勉強すると、意外と楽しめるはず。また、勉強を楽しいと思えるスイッチは、自分の中に必ずある。「ゲーム感覚で模試の順位を上げる」「美しいまとめノートを作る」「歴史のエピソードを深く知ってその物語性を楽しむ」など、人それぞれにあるそのスイッチを見つけるようにしてほしい。勉強を楽しく感じることができるようになれば、何時間でも取り組めるようになる。

☆合格するためにはどうすればいいか、と真剣に戦法を練る

真剣に考えれば、最良の戦法が見えてくる。ただやみくもに勉強しているだけでは効果も上がらないし、やっていて面白みがない。目標に向けて最も効果的な戦法を編み出し、真剣に勉強を続けると、面白さややりがいも出てくる。

アップテンポなBGMで盛り上がるやる気

〝勉強は静かな環境で〟の固定観念を捨てる

手塚孝明・工学部3年

勉強する際、「静かな環境じゃないと勉強できない」というタイプと、「音楽や雑音がないと勉強しづらい」というタイプと、大きく2つに分かれる。また、今回話を聞いたところでは、〝音がないと勉強しづらい〟派の多くは、音楽ではなく「カフェなどのざわついた環境の方が勉強しやすい」「静寂よりは多少雑音があった方がいい」との考え方のようだ。さらに、周囲のざわめきではなく、〝何らかの音楽がかかっていないと勉強しづらい〟という学生でも、流していた音楽は、あまり気が散らないようなおだやかな曲や、あるいはラジオやテレビ、といった例が大多数だった。

さて、こうした大多数の例とは対照的に、手塚孝明さんは〝音楽がないと勉強しづらい〟派で、BGMにはアップテンポな曲ばかりを流していたという。

「中学生ぐらいまでは、〝勉強は落ち着いた環境で集中してやるもの〟と思い込んでいて、静かななかで勉強をしていました。でも、何も音のない状態で勉強するのって飽きるし、テンションが上がらないんですよ。それで、〝音楽がかかっていても勉強できるんじゃないか〟と思って、ＢＧＭをかけるようになりました」

と、手塚さん。実際にＢＧＭを流してみると、何となく楽しくなり、やる気がみなぎる気分になったようで、

「それに、**音楽がかかっていても意外と集中できる**ことに気づいた。何より、勉強をパワフルに進めていこうと、気分が盛り上がるんです。以来、机に向かったらまず、アップテンポな音楽を流す習慣がついた」

というわけだ。また、

「**机にシブシブ向かったときでも、元気なＢＧＭをかけると何となくやる気になった。なので、〝勉強が面倒くさいなー〟というときでも、とりあえず机に向かい、音楽をかけてみることにしました。すると、〝よし、始めるか！〟と前向きになれる。**条件反射みたいなものかもしれませんが、〝音楽を楽しむために、勉強に取り組むか〟といった意識にさえなっていましたね」

と、手塚さんはいう。

もっとも、暗記ものをやっているときなどは、ＢＧＭがジャマに感じることもあ

ったらしく、

「ＢＧＭがうるさいな、と感じるときもありましたが、もちろんそのときは消していた。でも、静かななかでの暗記に飽きたり、ダレてき始めたら、気合を入れ直す意味でまた音楽を流したりしていましたね」

ということで、手塚さんにとってＢＧＭは、勉強における「やる気スイッチ」のような役割になっていたそうだ。

「静かな環境でないと集中できない、とか、クラシック音楽を低音量でかけるのが暗記学習には最適とか、いろいろいわれていますが、結局は人それぞれですよ。僕はうるさいぐらいに元気なＢＧＭをかけることで、勉強の意欲を高められたし、〝音楽を聴きながらの勉強〟が楽しみ、とまで思えるようになった。しーんと静まり返ったなかでの勉強はどうも飽きるしダレる、という人は、固定観念を捨てて、好きなＢＧＭにノリながら勉強してみるやり方を試してみてはどうでしょうか」

と、彼は語る。

ラジオが流れるなかで難問に挑戦

数式は静かな環境よりリズムに乗って

三井真也・理科2類2年

前ページの手塚孝明さんと同様、静かな環境で勉強するのではなく、「ラジオをつけて数式を解く習慣があった」というのが三井真也さんだ。そして、前ページの手塚さんは、やる気を高めるためにＢＧＭを流していたが、三井さんの場合は「数式をテンポよく解けるようにラジオや音楽を流していた」というから興味深い。

「数式を解くときはいつも、ラジオをつけていたんです。ラジオの音楽が流れていると、そのリズムに乗って数式がスラスラ解けるような気がしたので」

という三井さんだが、ラジオが流れているなかで数式を解いている内に、彼はあることに気づいたのだそう。

「初めの内は、リズムに乗ってスラスラ気分よく数式を解くためにラジオをつけていました。そうしていく内にふと気づいたのですが、解法がきちんと理解できていないと、ＢＧＭに乗るようにテンポよく解けない。ペンが止まってしまい、いつもと違ってラジオの音につい意識が向かってしまうんです」

という。ちゃんと理解できていない難問にぶつかると、どうしても気が散ってしまい、ラジオの音に意識が持って行かれてしまう。この事実について、彼なりに分析した上で、結びつけた勉強法が次の通りだ。

「これを僕なりに分析してみたんですが、問題が解けないストレスから、無意識の内にラジオに逃避しちゃうんじゃないかな、と(苦笑)。そんなことから、**ラジオがついているなかで解いてみて、集中できずに引っかかってしまう問題は〝復習の必要あり〟とみなして、改めて復習することにした。**つまり、ラジオが流れているなかでスラスラ解ける、というのを、〝解法がきちんと理解できて、自分のモノになっているかどうか〟のひとつの目安にしたというわけです」。

つまり、三井さんはラジオの音を、自分が解法をきちんと理解できているかどうかの、いわばリトマス試験紙のように使っていたというわけだ。何ともユニークな勉強法といえるだろう。

弱点を克服できる備忘録

パッと思い浮かんだ事柄をそのままにしない

沢村稔・工学系研究科修士1年

授業中や電車の中、あるいは道を歩いているときに、まったく関係のない事柄がふと頭に浮かぶことはないだろうか。その事柄が、意味が思い出せない英単語だったり、以前解けなかった数式だったり、あるいは世界史の用語でその内容がどうしても出てこなかったりしたら……受験生なら、妙に気になってしまい、何だか落ち着かない気分になるところだろう。とはいえ、参考書を引っ張り出して調べるわけにもいかない状況のときには、気になりながらも、そのまま何となく忘れてしまうのにまかせる、という人が多いはずだ。

こうした「パッと頭に浮かんでしまった事柄」を、沢村稔さんはその都度すべてメモ帳に書き留めるようにしていたというのだ。

「備忘録を作っていました。そこに、授業中や日常のふとしたときにパッと頭に浮かんで、どうしても気になる事柄を書き留めていた。書き留めた内容は、あとでじっくり調べ直すわけです」

という沢村さんだが、この手法にはどんな効果があるのだろうか。

「もともと僕は気が散りやすくて（苦笑）。授業中に前の授業でやった事柄や、前夜に勉強した内容が〝さっきの授業で説明された○○って、どういうことだったっけ？〟とか〝昨夜のあの部分、もう一度資料集を見ておいた方がいいな〟といった具合に、ついいろいろと頭に浮かんでしまっていたんです。そういう事柄はやっぱり気になるし、そのまま忘れてしまって取りこぼすのがイヤだった。結構、大事な用語が思い浮かぶことも多かったので。そこで、備忘録を作って書き込むようにしました」

と、沢村さんはいう。

この備忘録には、「あれはどういう意味だったかな？」というあやふやな英単語や、ふと思い浮かんだけど、記憶が今ひとつ中途半端な各教科の重要用語などを中心に書き留めていったそうで、

「**結果的には、ちょっとした弱点克服の勉強術のようになっていましたね。不思議なもので、中途半端に暗記した事柄や、理解が不十分で自分自身少し不安に感じている内容ほど、ふとしたときに頭に浮かぶんですよね。**脳の神秘だなー、と思いま

す（笑）。備忘録をあとで見返してみると、それがよくわかって、結構面白かったですよ。とはいえ、このやり方だけで、理解が不十分な内容をすべてカバーできたわけではない。それでも、中途半端に理解している事柄を、パラパラとではあるけど、毎日少しずつでも復習できたのは、良かったと思いますよ」

と、沢村さんは語っている。

備忘録にメモすること自体が記憶に残る

また、この備忘録には、思い浮かんだ各教科の事柄そのものだけでなく、「あの部分は難しかったので、もう一度復習しておこう」「○○は調べ直した方がいい」といった注意事項も書き込んでいったという。

「今晩の自分に向けての指示、といった感じかな。そうした注意事項も、思いつくたびに書き込んでいきました。そうやって備忘録に書き留めると印象に残りやすいのか、その後に備忘録を見て復習すると、しっかりと頭に焼きつけられるような気がしましたね」

と、沢村さんはいう。実際、模試のときなどで、この備忘録の内容が出てきた際

にもすぐにピンと来ることが多かったようで、

「〝あっ、これは、あの数学の授業のときに頭に浮かんで、あわててメモした内容だ〟といった風に、そのときにメモした場面も含めて、連鎖的に思い出されることがよくありましたよ。パッと頭に浮かんだ事柄を書き留めること自体、かなり印象強い行為ともいえるから、その後に調べた内容と共に記憶に残りやすいんじゃないですかね」

と、彼は語った上で、この手法について次のような感想も述べている。

「この備忘録のおかげで、わからないことがあるとそのままにせず、何でもメモする習慣がつきました。大学の授業を受けていても、わからないと思ったらすぐに備忘録にメモして、あとで調べ直しています。こうした習慣は、受験勉強を超えて、社会に出てからもきっと役に立つんじゃないかな、と思いますよ」。

1枚のルーズリーフのみを毎日暗記

現役生にはできないマル秘勉強法

山下淳・理科2類2年

現役時代と浪人時代で勉強の手法を変えた、という東大生は多い。合格が叶わなかったのを機に今までやってきた勉強法を見直した、というケースはもちろん、「現役時代に養った知識をベースにする形の勉強法に切り換えた」という例も多く見られる。

入試突破が叶わなかったとはいえ、受験勉強をひと通り進めてきたことでの貯金があるのだから、現役時代とは、勉強法もおのずと変わってくるのは当然だろう。

さて、山下淳さんも、現役時代に勉強した貯金を生かす形での勉強法に切り換えたというひとりだ。

「現役時代に一応、勉強はひと通り終えていたので、浪人時代は自分が知らなかった内容や、重要な内容をしっかりと頭に入れることに重点を置いていました」

という山下さんだが、その手法がなかなか大胆で興味深い。

「僕は予備校に通っていたんですが、一日の講義をどの教科もすべて一緒にして、1枚のルーズリーフにまとめるようにし、それをその日に完璧に覚えるようにしていました」

というのだ。

ルーズリーフ1枚というのは、予備校一日分の授業をまとめると考えると、かなり少ないといわざるを得ない。なぜ、すべての教科を一緒にし、しかもルーズリーフ1枚という少ない枚数にまとめようと思ったのだろうか。

そんな疑問に対して山下さんは、

「日々計画的に進める勉強とは別に、〝必ず覚えておきたい重要事項〟というのも、毎日少しずつ着実に頭に入れていきたかったんです。それも、できればその日の内に、すき間時間だけを使って覚えたかった。そう考えたときに、ルーズリーフ1枚というのが、分量的にちょうどいいと思った。また、いろんな教科の重要事項をまんべんなく暗記していきたい、とも考えていたので、すべて一緒くたにして、1枚にまとめることにしたわけです」

という。

確かにほかの勉強も同時進行するなかで、すき間時間だけを使い、その日の内に確実に覚えられる分量というと、ルーズリーフ1枚程度というのが妥当だろう。

〝その日に率先して覚えるべき内容〟を厳選

しかし、そもそも予備校一日分の授業が、果たしてルーズリーフ1枚にまとまるものなのだろうか。そんなさらなる疑問について、彼は次のように答えている。

「**ルーズリーフには〝その日に率先して覚えるべき内容〟だけをピックアップして、書き込むようにしていました。なので1枚でおさまりましたよ。**というよりも、全教科がルーズリーフ1枚にまとまるように書いていた、といった方が正しいかな。余計な知識は一切書かず、〝書き留めようかどうしようかちょっとでも迷ったら、その内容は書かない〟ぐらいの気持ちでいましたから」。

実際、ルーズリーフに書き込む内容はとにかく絞り込んでいたそうで、「〝その日に率先して覚えるべき内容〟という基準で、予備校の講義から〝自分が知らなかった知識〟と〝重要と思う内容〟のみを書くようにしていましたね。〝重要と思う内容〟というのも、その教科における重要知識、というのではなく、あくまでも僕が思う〝重要内容〟です。単なる重要知識なら、仮に抜け落ちていたとしても、問題集や模試などで必ず出てきますし、敢えてその日に率先して覚えるべき事柄ではないですから。それよりも、例えば、講師の先生だけが教えてくれる、裏ワザのような知識や、より理解が深まるような内容とか、あるいは先生独自のとらえ方みたいな、〝参考書には載っていないけど、頭に入れておくと試験に絶対役立つ〟と思う事柄です。こういった事柄と、あとは自分が知らなかった知識のみをルーズリーフに書き留めていました」

と山下さんはいう。

こうして内容を絞り込んだ1枚のルーズリーフを、すき間時間や寝る前の時間を活用して何度も見て、その日の内に確実に頭に入れていったというわけだ。

「一日の中で確実に覚えられる分量というのは、ある程度限られています。なので、優先順位をはっきりさせて、その日に覚えるべき知識は絞り込んだ方がいい。僕の場合、もちろん日々の勉強も進めていましたが、〝確実に頭にたたき込む〟と決めていたのは、そのルーズリーフだけに絞っていた。それが結果的には、着実に実力を養ったと思っています。もっとも、僕が現役時代の貯金がある浪人生だったからこそ、通用したやり方かもしれませんが」

と、山下さんは語ってくれた。

自室で勉強　VS　リビングで勉強

東大生たちに今回、話を聞いたなかで、「勉強していた場所」として、「リビング」と回答していた学生が意外なほど多いのに驚かされた。

〝リビングでの学習〟はここ数年、子育てをする母親たちの間でも注目されているようで、「頭のいい子はリビングで勉強する」との説がもてはやされている。この仮説が今回はからずも証明された形だが、では、リビングでの勉強には、どういった特長があるのだろうか。

実際にリビング学習で東大入試を突破してきた東大生たちに話を聞いてみたところ、「親の目などの人目があるので、ダレずに集中できる」「自室ではマンガなどの娯楽が多すぎる。リビングでは勉強に向かわざるを得ないので、イヤでも集中できる」「キッチンに行ってつまみ食いしたり、新聞を読んだりと、ちょっとした息抜きがしやすい」といった声が上がっている。

また、〝リビング勉強〟派のほぼ全員が、「テレビが流れていたなかで勉強していた」と語っているのが、興味深い。気が散ってしまわないのか心配になるところだが、彼らによると「シーンと静まり返っている環境より、適度にざわついている方が勉強しやすい」「テレビがついている方が、勉強に煮詰まったときなど、ふと目を向けて息抜きできるのでよい」「そういうユルい雰囲気があるからこそ、リビングでは気楽に勉強ができる」とのことだ。

彼らの意見を総合してみると、〝リビング勉強〟の良さは、自分の部屋や自習室などの「勉強空間」で半ば義務的に勉強するよりは格段にストレスが少なく、気楽に勉強に向かえるという点と、適度に人目があるため、「勉強しなくてはいけない」と自然と思える点、そして、テレビなどの「短時間息抜きができ、すぐに勉強に戻ってきやすい娯楽」がある点のようだ。

結論：〝自分との戦い〟とばかりに、自分の部屋で孤独に耐えながら根を詰めて勉強するよりも、上手にガスを抜きながらリビングで気楽に勉強に向かうのが現代風というわけだ。実際、どんな環境でも、きちんと勉強に向かえるのであれば、それが自分にとっての「ベストの勉強空間」。「勉強は静かな自分の部屋でやるべし」という固定観念は一度、捨ててみた方がいいだろう。

第5章

使い方次第で成果倍増！

東大生の「教材活用戦略」

過去問の解答のみを丸暗記

根本からしっかり知識を理解するのは時間が足りない

田村秀太・経済学部4年

東大入試は中途半端な知識ではまず突破できない、というのは今さらいうまでもない事実だろう。特に各教科の論述問題などは、知識を深く理解していることが求められている。それゆえ、多くの受験生たちは、例えばそれが歴史教科なら流れを根本から理解するために、何度も教科書を読み込んだり、参考書で分析しながら、より知識を深めようと苦労している。

しかし、論述問題対策としては王道ともいえる、こうした**「根本から流れを理解する」勉強のやり方をNGとする**のが、田村秀太さんだ。

「東大は受験教科が多いこともあって、一つの教科に割ける時間はどうしても少なくなってしまいます。なので、正攻法で行くと、時間が足りないと思った。大胆に割り切ることが必要だと考えたんです」

という田村さんは、教科書や参考書などを時間をかけて理解していく勉強法はやめて、思い切ったやり方を採ることにした。それは、次の通りだ。

「地理と日本史の社会教科は特に、最低限の知識だけ得られればいい、ぐらいの気持ちでいたので、**初めの段階からいきなり、過去問や問題集にある論述問題の解答をすべて丸暗記することにしたんです。**論述問題の解答というのは、各問題の文字数制限に沿って、30～150字ぐらいでまとめられているので、要点がつかみやすいし、丸暗記には比較的向いていましたよ」。

一般的な勉強の進め方としては、教科書や参考書を何度も読み込んで頭に入れたのちに、実際の試験対策として過去問や問題集を解く、という流れだが、彼の場合はいきなり過去問の解答に手をつけたというのだ。

過去問にない問題は誰もが対策不足

しかし、過去問や問題集というのは、参考書のようにすべての内容がひと通り説明されている、というものではない。当然、知識の抜けが心配になってくるところだが……、

「僕は特に過去問を重点的にやるようにしていたのですが、過去問に出てこないよ

うな問題は多くの受験生もたぶん対策できていないし、みんな点数が取れないだろうからそれは捨ててもいい、と割り切っていました。社会教科にはあまり労力をかけたくなかったので、効率重視で合格基準に達する点数が取れさえすればよし、と考えていましたから」

と、彼は答えている。

過去問の解答を暗記することで内容が把握しやすい

過去問の論述問題を中心に、その解答を丸暗記していくということで、「論述問題の解答は、それだけで一つのテーマ（問題文）についての要点をコンパクトにまとめた解説文のようなものですから、全体の流れがわからなくても、それなりに理解はできます。重要なキーワードはどれか、というのを意識して暗記するのがコツですね」

と、話す田村さんだが、過去問中心の勉強を進めながらも、受験後半期に入った頃からは、教科書を読んで流れを確認することもしたようで、

「過去問の解答がある程度頭に入ったところで、全体の流れもざっと見ておこうと

思ったんです。そこで教科書を初めから復習してみたのですが、思った以上に流れが頭に入ってきやすくて助かった。過去問の解答で、重要なキーワードを理解していたおかげですね。順を追ってではなくバラバラとした形ながらも、それぞれの事柄を深く掘り下げた論述解答を読んでいたので、流れも把握しやすかったんです。また、教科書を読んで全体の流れを見直したことで、すでに頭に入っていた知識も効率的に整理できたのも良かった」

と語っている。

そして、最後に「このやり方についての、僕なりの意見ですが」として、次のようにも付け加えた。

「例えば歴史教科の場合、物語を読み進めるように初めから順を追って理解していくのが一番だし、そちらの方がたぶん楽しいはずです。でも、効率重視と考えるなら、多少しんどくても、まずは重要キーワードや大事なポイントとなる事柄のみをしっかり頭にたたき込んで、それから流れを追っていくようにした方がいい。〝楽しさ〟は正直、あまり感じられないかもしれませんが、現実的な試験対策としては、こちらのやり方のほうが有効だと思いますよ」。

まずは参考書をただ読むことから開始

マーカーは線引きのセンスがないと効果なし

松崎友也・文科3類2年

教科書や参考書を勉強する際、重要箇所にマーカーや色ペンで線を引くという人は多いだろう。そうすることで内容のポイントを目立たせて、しっかり理解していこうというわけだが、実はこの線の引き方にもセンスというものがある。

ポイントを絞り込み、必要最低限のラインですっきり整理できる人もいれば、ポイントを絞り込むことができずに、気づいたらページの半分以上に線が引かれる、といった意味のない結果になる人もいる。あるいは、絞り込んだ重要箇所がどれも的外れで、ズレたポイントにばかり線が引かれている、という人も少なからずいるはずだ。重要箇所を上手に絞り込み、的確に線を引くにはやはり、何らかのコツが必要になってくるのだろう。

さて、松崎友也さんはかつて、線引きのセンスがないタイプだったのだそう。

「色ペン片手に参考書を読んで、重要な箇所に線を引くつもりが、つい引きすぎてしまって、ほとんどが重要箇所、みたいなことになっていました（笑）。内容を理解していないからどれも重要に思えて、ポイントが絞り込めなかったんですよね。これでは意味がないので、**線を引くのを一切やめてみました**」

と、松崎さんはいう。教科書や参考書に線を引くことをやめ、またノートにまとめたり、といったこともせずに、ただ読み進めていったそうだ。

「**教科書も参考書もきれいなまんまで、読書のようにとにかく読むだけ、としてみました。2周ぐらい読み、3周目に入るぐらいになったら、重要な部分や、必ず押さえておきたい用語などがはっきりわかるようになってきたんです。**そこで、試しにポイントとなる部分に線を引いてみたら、今度は上手に絞り込むことができた。2～3回ほど読んだことで、大まかな内容が頭に入り、それでポイントがわかるようになったんじゃないかな、と思いましたね」

という。そして彼は、次のようにも述べた。

「参考書を勉強する際、初めから重要部分をピックアップしようとしても、なかなかうまくいくものじゃない。〝急がば回れ〟で、まずは内容を2～3回読むようにすると、多少時間は余分にかかっても、その参考書を読み解く力が養われて、スムーズにポイントを絞り込むことにつながりますよ」。

授業ノートをきれいにまとめ直すのは無駄手間

頭の中の知識だけで文章化する高度な勉強法

内藤香織・工学部4年

学校の授業や塾の講義、あるいは参考書の内容を、ノートにまとめ直して勉強するというのは、定番の手法といえる。授業中に取ったノートや参考書を元に、より見やすいように別のノートに整理してまとめたら、そのまとめノートを使って復習していく、というのが一般的な流れだろう。

こうした定番のやり方に対して、内藤香織さんの手法は独特だ。

彼女は参考書の中身をノートにまとめて勉強していたそうだが、その際、参考書を見ずに自分の頭の中身だけを頼りにして、まとめていくやり方をベースにしていたのだという。

「そもそも、授業ノートや参考書を見ながらきれいにノートにまとめ直すのは、二度手間のような気がして……。そのやり方はたぶん、あとで復習するのにきれいなノートの方が見やすいから、まとめ直しているんですよね。でも、見ためをきれいにするためだけに手間をかけるのは、ちょっと無駄に思えた。自分がわかるのなら、ノートなんて多少汚くてもいい。ノートにまとめるのはあくまでも、内容を暗記し頭の中を整理するために行うもの、と思ってました。なので、授業ノートや参考書を見て、それをきれいに書き写すようなやり方は、違うんじゃないかな、と」と、内藤さんはいうが、それでは彼女の具体的なやり方を見ていくとしよう。

自分でシンプルな文章に組み立ててみる

内藤さんはまず、参考書を区切りのよいところまでじっくり読み、内容を頭に入れるのだという。次にその内容のテーマを見出しとしてノートに書き、参考書を一度閉じてしまう。その上で、頭の中に入っている知識を組み立てて、見出しのテーマに沿った内容を文章で書き出していくのだとか。

「ただ何となく覚えていたり、理解が表面的だったたら、その内容を文章で説明することはできません。ですので、ちゃんと頭に入っているか、きちんと理解ができているかを試す意味で文章にしてみるんです」

と、内藤さんはいう。その際、キーワードを意識しながら、できるだけシンプル

な文章に組み立てるのがコツのようで、

「まずは細かい知識を省いて、内容のキモとなるキーワードだけで組み立てるように、大まかな流れだけを文章に書き出していきます。そこから、頭の中にある細かい知識を書き足していくんです。それも、なるべく文章で書くようにしていました。前述の通り、その事柄の因果関係をきちんと理解しているかどうか、試す意味でも」

とのことだ。その上で再び参考書を開き、〝答え合わせ〟をするという。

「ノートにまとめた内容を、参考書を見ながら最後にチェックしていきます。そして、間違っているところや抜けている知識があったら、そのときに書き足していく。間違いや知識の抜けている部分があまりにも多かったら、もう一度ノートに書き出すところからやり直すようにしていましたが……まあ、そういったことはほとんどなくてすんだけど（笑）。この流れで、頭に知識を焼きつけていくというわけです」

というのが彼女のやり方だ。

この手法なら確かに、しっかりと理解できそうではあるが、内藤さんいわく「ちょうど教科書を自分の手で作っているようなイメージ」とのことで、なかなか労力

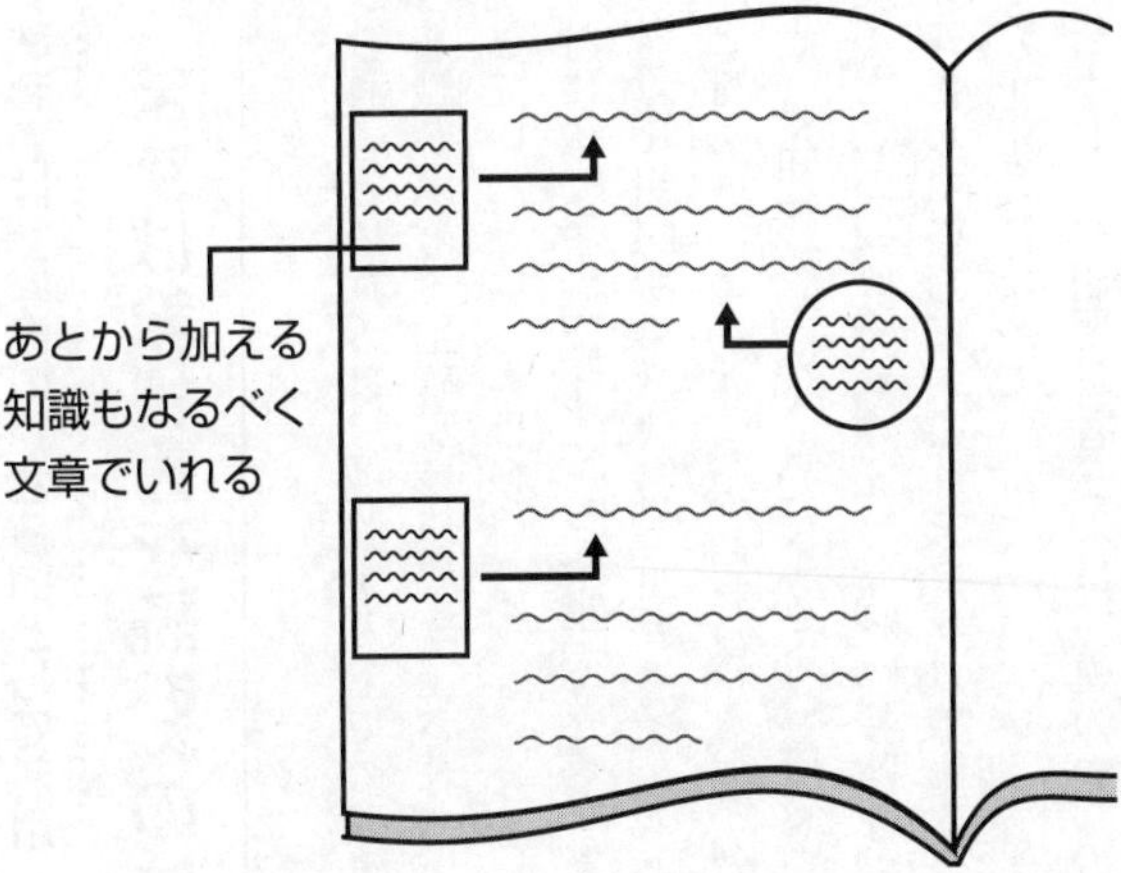
あとから加える
知識もなるべく
文章でいれる

がかかるように思えるのだが……と、そんな心配に対し、彼女は次のように答えている。

「確かに、労力は結構かかった（苦笑）。でも、初めは自分の理解度を試す意味で書いていたけど、ノートに書き出す作業自体、頭に強く焼きつけることにつながりました。その後は、そのノートをほとんど見返さなくてもいいぐらい、しっかりと暗記できましたから。そう考えると、参考書を何度も何度も復習して暗記していくよりは、よほど時間短縮できたと思いますよ」。

教科書は参考書の総ざらいとして活用

〝まずは教科書を読む〟のは×

平田明日香・文科2類2年

教科書というのは、勉強する上での原点ともいえる正統派教材だ。覚えておくべき知識が極めて正確な表現で網羅されていることからも、東大生の中で教科書を重視していたという人は多い。

特に、「東大受験するなら東大教授が執筆している教科書を」として、歴史系の教科は山川出版の教科書を重要アイテムとしていた学生が多く見受けられた。

とはいえ、この正統派教材は、必要な知識がしっかりと解説されている反面、〝正しい知識〟という点に重きを置いているためか、わかりづらい、との声もよく聞くところだ。それゆえ、学校の授業などで教科書を勉強して基礎知識をある程度頭に入れたのちに、それをフォローする形で参考書や問題集を手がける、というやり方が定番になっている。

しかし、平田明日香さんは、逆のやり方をすすめている。

「教科書の記述は、要点がつかみづらいですよね。表現もシンプル過ぎるというか、味もそっけもなくて面白みに欠ける（苦笑）。重要な用語がどれなのかというのも、絞り込みづらいですし」

という平田さんは、初めに教科書を開くのはNGとして、次のように語る。

「学校の教材ということもあって、教科書を読んでから違うテキストに進む人が多いけど、むしろ教科書は後に回した方がいい。私は参考書でしっかり理解した後で教科書を読んでいたのですが、その方が内容が頭の中で整理されて良かったですよ。参考書で得た知識を、おさらいするような感じですね。無味乾燥に感じた教科書独特の記述も、参考書で理解した後に読むと、〝ああ、こういう風にすっきりとまとめられるんだな〟と思えました」。

つまり、内容をしっかり理解するには、まずはわかりやすい参考書から、というわけで、

「教科書は受験勉強する上での最重要アイテムで、必ず一度は読んでおくべきものです。でも、初めて見る内容を理解するのには、教科書の記述は向いていない。その点をしっかり知っておいた方がいいと思いますよ」

と、彼女は断言する。

複数冊の参考書で最短距離の勉強を

1冊の参考書だけでは〝重要度中レベル〟がわからない

岩本貴文・理学系研究科1年

東大生たちに、受験勉強を進める上で使っていた（学校や塾で配られる教材以外の）参考書の冊数を聞いたところ、約８割の学生が「参考書は何冊も使わず１～２冊のみ」として、１冊の内容を徹底的に暗記するようなやり方を採っていたようだ。

そんな大多数の手法に対して、**「参考書は3～4冊は使っていましたね」**というのが岩本貴文さんだ。

「効率重視で合格のゴールに向けて最短距離での勉強がしたかったので、僕は参考書中心で勉強をしていました。参考書って、入試問題を解く上での必要なポイントが色分けされていたりと、わかりやすい形で編集されているじゃないですか。まあ、モノにもよりますが。僕の場合、受験勉強を本格的に始めたのがかなり遅く、高校３年の夏過ぎぐらいからだったので、余計な知識は入れたくなかったんです。

入試に必要な内容だけを頭に入れたかったので、参考書を使うことにした」

と、彼はいうが、「余計な知識は入れず最短距離で」と語ってはいるものの、参考書は複数冊使っていたというのは、少々矛盾しているようにも思える。これは一体、どういうことなのだろうか。そんな疑問に対して彼は、

「余計な知識を入れず、暗記する内容を絞り込みたかったからこそ、参考書を複数冊活用していたんですよ。中心に勉強を進める参考書を1冊決めて、ほかのはサブのような役割で使っていました」

と答え、次のように説明する。

「1冊の参考書を勉強していく際、内容の全部までは暗記したくなかったんです。時間が足りないですから。そこで、まず最重要内容はすべて暗記することにした。それから、その少し下レベルの〝比較的重要な事柄〟と、あとさらにちょっと下のレベルの重要な内容も暗記しておこう、と。参考書の内容を重要度5段階のレベルで分けるとしたら、重要度が上から3ぐらいまでの事柄だけをピックアップして暗記したかったわけです」。

彼によると、一般的な参考書なら、最重要な事柄は色分けしてあったりと、必ずそれとわかるように記載されているため、これはわかりやすい。しかし、そこから

少し重要度が落ちる内容については、〝これは覚えておくべきかな？〟と取捨選択に迷うことが多かったという。

「そこで、ほかの複数の参考書も見ることにしたんです。覚えるべきか迷った際、別の参考書を開いて、意外とサラッとした扱いだったら、その事柄は流し見するだけ。逆に〝ポイント！〟みたいに書かれていたら、それは暗記します」

と、岩本さん。つまり、暗記すべき内容を厳選するために、複数冊の参考書を活用していたというわけだ。

「最重要としている事柄はどの参考書もほぼ同じですが、〝そこそこ重要〟といった内容になると、実は参考書によって意外と違うものなんですよね。各出版社の判断の違いを利用して、暗記する事柄を絞っていたというわけです。まあ、このやり方は、時間が本当に足りない人のための裏ワザ、みたいなものですが、最短距離での合格を狙うなら、やってみる価値はあると思いますよ」

と、彼は語っている。

物語のように全文を楽しみながら読む

マーカーはそれ以外の部分が抜け落ちる

河島広太・文科１類２年

教科書というのは、しっかりと解説されている正統派の教材だが、反面、余計な要素がほとんどなく、必要知識だけが平坦な文章で書かれているため、人によってはわかりづらく感じるものでもある。特にその内容を暗記しようという場合、平坦な文章ゆえ頭に入りにくく、参考書などと比べると格段にやりづらい、という声もよく聞かれるところだ。

そんなことから、教科書を暗記しようというときは、マーカーや色ペンを手にし、用語や重要ポイントに線を引いて目立たせ、内容に自分なりのメリハリをつけて頭に入れている、という人も多いだろう。

河島広太さんは、世界史のセンター試験対策は教科書を中心にし、ほかの教材はほとんど使わずに勉強を進めてきたという。そのやり方だが、彼も初めは多くの受験生たちと同様、「マーカーや色ペンで目立たせて頭に入れる」手法を採っていたのだそう。しかし、その問題点に気づいて勉強法をガラリと変えたという。

「マーカーなどで線を引いてしまうと、線を引いていない部分がどうしても印象に残らず、抜け落ちてしまうんですよ。これはちょっとマズイな、と。僕は東大教授が執筆した教科書を使っていたのですが、彼らがまとめたものを自分で勝手にマーカーを引いて、知識を落としていくのはやはりよくない。教科書に書いてあることは、ある意味、すべてが重要な知識ですから、これを勝手に取捨選択すべきでない、と思ったんです。そこで、やり方を変えてみることにしました」

と、河島さんはいう。

では、彼はマーカーや色ペンなどに頼ることなく、教科書をどのように暗記していったのだろうか。

ストーリーとして面白ければ暗記も苦にならない

「世界史のセンター試験対策は教科書だけで十分」として、参考書の類をほとんど使わなかったという河島さんは、その分、**教科書を徹底的に丸暗記しようと、何度も繰り返し教科書を読んでいった**という。

河島さんがかつて使っていた世界史の教科書。使い込んだ様子が感じられる。

「初めは受験対策という感じではなく、単に小説を読むような感じでした。もともと読書が好きだったこともあって、これは全然苦にならなかった。ストーリーとして面白く感じましたし」

と、河島さん。彼によると、「世界史の流れをストーリーとして面白く感じることができたので、自然と頭に入ってきましたよ」とのことで、世界史の暗記に日々苦労している受験生からすると、何ともうらやましい話だ。

しかし、世界史の教科書を小説のように面白く読み進められるというのは、特に歴史自体にあまり興味がない者にとっては、なかなか想像し難い。なぜ、河島さんは世界史の教科書を、面白く読み進めることができたのだろうか。

そんな疑問に対して彼は、

「思い返してみると、小さい頃に日本史のマンガシリーズをすべて読んだことがあったんですが、あれが原点になっている気がします。そのマンガが面白くて、そのときに〝歴史というのは壮大で面白い物語だ〟という意識が、実感として根づいた。歴史教科は僕の中で〝勉強教科〟というよりは、マンガのストーリーに近いんです。だから読んでいて楽しいし、すぐに頭に入ってきたんです」

と語り、次のようなアドバイスを加える。

「これが受験生すべてに通用するかどうかはわかりませんが、**歴史の暗記で苦労している人がもしいたら、まずは歴史自体を壮大なストーリーと考えられるよう、発想を転換してみてはどうでしょう**。そのために、マンガ版を読んでみたり、あるいは初めの内は、教科書や参考書の面白いと感じるエピソードだけを読んでみるのでもいい。物語として楽しめるような入り口を探して、そこから歴史に入っていくのをおすすめします。歴史のストーリーとしての面白さに気づくことができたら、内容は自然と頭に入ってくるはずですよ」。

歩いていてもできる勉強法

何も持たず頭の中だけで知識を反芻

河島広太・文科1類2年

前ページの河島広太さんだが、「教科書を物語のように楽しみながら読む」ことで、ある程度の世界史の流れを頭に入れると、その知識を完璧に定着させるために、次のような手法を採っていたという。

「僕の通っていた高校は駅から徒歩で大体20分ぐらいかかるのですが、その時間を使って世界史の復習をしていました。といっても、歩いていて何も持てないから、頭の中だけで。やり方としては、電車を降りる前と、帰りなら学校を出る前に、世界史の教科書をざっと見て、いくつかの用語に目をつけておくんです。**これを歩いているときに思い出して、頭の中でその用語を解説する。そうしたら今度は、用語からつながる事柄を次々と思い浮かべて、内容を頭の中で復習していくわけです**」。

つまり、記憶を反芻《はんすう》するかのように頭の中だけで用語を解説し、さらにそこから内容を広げていって知識を確かめていくというわけだ。

「例えば、〝イスラム文化〟という用語に目をつけたら、歩きながら〝イスラム文化の特徴は……〟と頭の中で解説し、さらにイスラムの政治や経済の知識も思い出す。一方で、ヨーロッパ圏や中国圏の文化はどうだったか、といった具合に、時間の許す限り、頭の中で知識をつなげていくんです。ピンポイントの用語からワーッと網の目を広げていくような感じで、頭の中にある知識を確認していくんですね」

と、河島さんは説明した上で、この手法について次のように語った。

「ひとつの用語から自分の頭の中だけで知識をつなげていくと、それぞれの知識の関連性が強く印象づいて、頭にしっかり定着する気がしましたね。また、論述対策にもなっていたと思いますよ。何より、この手法は場所も選ばないし、何も持たなくてもできるのがいい。ちょっとしたすき間時間に〝頭の体操〟といったノリでやるだけでも、効果は高いんじゃないかな。特に社会の各教科において、本当におすすめですよ」。

単語カードを捨てながら弱点克服

問題集は「見直す必要ない問題」がジャマに

萩原理絵・文科1類2年

数学や物理などの教科は、問題集を中心に勉強していたという東大生は多い。問題集を中心に据える勉強法の場合、数多くの問題を解き、わからなかったり間違えた問題は解答を見て復習。そして、解けなかった問題にはチェック印などを入れておき、似たような問題にぶつかったときには再度見直しておく……といった流れが、一般的なやり方といえるだろう。

萩原理絵さんも、かつてはそのやり方で勉強を進めていたそうだが、

「解いた問題集を復習するときに、見直す必要のない問題も載っているのがジャマだったんですよ。問題集は、持ち運ぶのにも不便ですし。そこで、解けなかった問題や自分が引っかかった部分、重要な問題だけを、別の何かにまとめておこうと思った」

として選んだのが、リング付きの単語カードだ。

リング付きの単語カードは、昔からある勉強の定番アイテムといえる。しかし、単語カードを英語や古文単語、あるいは歴史などの暗記教科ではなく、数学や物理で活用していたという例は、少し珍しい。

「どこにでも持ち歩いて、時間のあいたときに見直しがしたかったんです。でも、ノートではかさばるし……それで、ちょっと大きめサイズの単語カードを使うことにしました」

と、萩原さん。単語カードの表には問題文、裏には解法といった具合に、解けなかった問題や重要問題などを書き込んでいたというが、ノートではなく単語カードにしたことで、思わぬメリットもあったようだ。

「単語カードの場合、ノートと違ってスペースが限られているので、要点を絞り込んで書かざるを得ないんです。これが、数学の解法のポイントを意識することにつながりましたね。それに、復習する際にサッと見直せるのも良かった」

という。

また、彼女はこの単語カードを普段から持ち歩くようにし、時間があいたときなどにこまめに見直すようにしていたそうだが、その際、十分に理解できたカードは、その場ですぐに捨てていたというのだ。

「単語カードをみて、パッと解けたらすぐに捨てちゃうようにしていました。解けるようになったらもう、そのカードは必要ないですから。問題集を解いていて、引っかかった問題はなるべくこまめにカードに書き込むようにし、ちょっとした空き時間に見る。そして、**もう大丈夫と思ったら、カードはその場ですぐに捨てる。**これを繰り返すことで、単語カードには常に、自分が間違えやすい箇所や理解が不十分な内容だけが書いてある状態になる。弱点を絶えず把握できるという意味でも、良いやり方だったと思いますよ」

と、萩原さんは語っている。

模試から知識を広げて濃い勉強を

まとめノート作りは意味無い作業

大平千春・理科1類2年

授業ノートや参考書の内容を別のノートに整理するまとめノート。自分の手でノートにまとめ直すため、手間も時間もかかるが、「復習するときには、自分でまとめたノートの方が見やすい」「内容を整理してノートにまとめる作業自体が勉強になる」といった特長から、多くの受験生たちが使う定番の手法だ。

しかし、大平千春さんはこのまとめノートは、「あまり意味がない」という。

「自分でまとめるのだから当然、自分自身でちゃんと理解できないと正しい内容が書けないわけですよね。反対に、理解が不十分だと、曖昧な書き方になったり、間違えたまとめ方をしてしまうことも考えられる。そういうノートで復習するのは、意味がないんじゃないかな、と思って。〝ノートにまとめる作業をすることで理解を深める〟というのもよく言われるけど、ノートにまとめられる時点で、内容をある程度理解できているわけですから、それは余分な作業のように思えた。すでに頭に入っている知識を、わざわざ労力を割いてまとめ直す必要があるのかな、と」

というのが、大平さんの考え方だ。

もともと彼女は、「なるべく効率的に、短時間で中身の濃い勉強がしたかった」そうで、

「まとめノートも、時間があるのならいいと思いますよ。でも、短い期間で濃い勉強をと思ったら、そんな悠長なことはしていられない。ノートに書き出すこと自体は悪くないし、私もやっていましたが、すでに理解したところも全部入れる必要はない。私は、試験に必要な知識だけを、効率的に頭に入れていきたかったんです」

という。

模試と過去問を掘り下げて余計な知識を除外

「試験に必要な知識だけをより効率的に頭に入れたい」と考えた大平さんは、定期的に行われる模試を中心に勉強することにしたそうだ。

「試験に出る問題が解けるだけの知識さえあればいい」と割り切っていたので、教科書や参考書などをまんべんなく勉強していくよりも、模試を徹底的に復習する方

が得策と思った」

という大平さんだが、模試というと当然、出題されている問題の数が限られているため、範囲もかなり絞られてくる。彼女によると「模試は1カ月に1～2回ぐらいあった」そうだが、それでも模試だけではカバーしている範囲が狭く、得られる知識が足りないのではないだろうか。そんな疑問に対して彼女は、

「過去問もやるようにしていましたし、模試の復習といっても、そのときに出題された問題だけをやるのではなく、そこから内容を広げていくようにしていましたから、意外と広範囲をフォローできていたと思いますよ」

と答え、その具体的なやり方について、次のように説明する。

「模試で出題された問題を復習するときに、その問題の解答だけを見直すのではなく、そこで問われている内容を元に資料を見て、知識をつなげるように勉強していったんです。例えば、模試で途中から解けなかった問題があったら、何の知識が足りなくて解けなかったのかを分析して、関連する事柄を見直していく。その問題を解く上で必要とされている知識から、それにつながる重要な内容を次々と引っ張ってくるんです。イメージとしては、模試の問題をひとつの点としたら、そこから線をつなげていく感じで、関連する内容を順番に勉強していきました」。

この手法で、模試を中心にひもをたどるかのように次々と知識を調べ、頭の中に入れていったという。

「模試や過去問を深く掘り下げる勉強になるわけですから、試験に出る確率が低い余計な知識は除外できます。もちろん、教科書などでイチからきちんと勉強していった人と比べると、頭に入っている知識量は多少劣ります。でも、効率的な入試対策という意味では、よい手法なんじゃないかな、と思いますよ」

と、大平さんは語る。

模試や過去問だけを中心に勉強を進めていくのは、教科書や参考書から知識をていねいに頭に入れていく正攻法と比べると、やはり不安要素が多いのは事実だ。

実際、彼女と同様に模試と過去問だけを中心に勉強をしてきたある学生は、「過去の傾向とはガラリと変わった問題が出たら撃沈だから、一種の賭けみたいなやり方です」と語っている。

それでも、大平さんのこの手法のように、模試の問題を元に深く知識を掘り下げて勉強していくことができるのなら、〝賭け〟の勝率も上がる、と考えていいのではないだろうか。

参考書より最も真剣に受ける模試を活用

知識が網羅された参考書の分厚さにうんざり

中島朝美・医学部4年

前ページの大平千春さんと同様に、中島朝美さんも模試を中心に勉強を進めていたという。彼女の場合、

「主に歴史教科と数学ですが、初めは知識が網羅されているような分厚い参考書で勉強を進めてたんです。でも、その分厚さにうんざりしていたせいか、頭に入ってこなくて。私は飽きっぽいので、これを全部やるのは無理だな、と思ったんです」

ということで、薄めのシンプルな参考書である程度の知識を養ったあとは、模試だけを徹底的に勉強するやり方に切り換えたのだとか。

そして、模試を中心に勉強することにしたその理由が、ちょっと興味深い。

「模試を受けているときというのは、ちょっと特殊ですよね。120分とかの制限時間の中で、いつもの勉強とは比べものにならないほど集中して、問題を解いていく。問題に真剣に向き合って、頭の中にある知識を総動員して……家で問題集を解くよりも、ずっとじっくり考えます。模試の問題に取り組むことで知識が整理されていくくし、じっくり考えた問題なだけに、終わってからも結構記憶に残ってる。これを無駄にせず、しっかり定着させたかったんです」

というのだ。

つまり、彼女によると、**「模試を受けること自体が一種の濃い勉強になっている」**というわけで、これをフルに活用しないともったいない、と考えたそうだ。

「模試を受けているその時間も勉強時間と考えて、次の勉強につなげるようなやり方をした方がいい。そう考えて、模試中心に勉強していくようにしました。〝自分のレベルを再確認する〟とか、〝弱点を浮き彫りにする〟といった辺りが、模試を受ける意味合い、とされているけど、せっかく時間をかけて真剣に問題を解くのだから、それをその日限りにしてしまうのは、もったいないですよ」

というのが彼女の言だが、正に東大生ならではの、何とも合理的な考え方といえるのではないだろうか。

過去問重視でじっくり分析

人の基準でまとめた参考書は頭に入りづらい

根本さくら・理学部4年

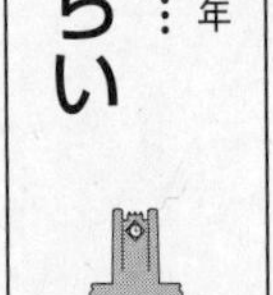

知識が網羅されている市販参考書は、ページの構成もわかりやすく要所要所で気が利いているため、参考書だけを使って勉強していたという東大生も少なくない。しかし、**「参考書は合わないので、私はほとんど使いませんでした」**というのが、根本さくらさんだ。

「人の基準でまとめたモノというのが、私には頭に入りづらくてどうも合わなかった。参考書って、重要な事柄は色分けされていたり、〝ポイント〟といったマークが付いていたりするじゃないですか。あれが、特に苦手だった（苦笑）。わざわざそんなマークをつけてもらわなくても、重要内容なんて自分で判断します、と思ってましたから。それに、そうしたマークが付いている事柄ほど、授業などで重点的に教えられていて、すでに知っていることの方が多いじゃないですか。それなら、あのマークは意味がない」

と、根本さんは言い切る。

そんな考えから彼女は参考書を使わず、問題集と過去問を中心に勉強を進めてきたそうだ。

出題者が出したがる試験問題はある程度決まっている

「参考書で〝最重要ポイント〟と強調してある事柄よりも、むしろ見落としがちだけど試験には出る確率が高い、といった〝重要度中レベル〟の内容をすくい上げて勉強したかった」という根本さんは、**問題集と過去問で問題を実際に解きながら、同時に自分なりに分析し、解答と解説を活用して〝重点的に勉強した方がよい内容〟をピックアップしていった**という。

とはいえ、世の多くの人が参考書を活用しているのは、その教科に必要なほとんどの知識がていねいに解説されているからで、その点は問題集や過去問ではやはり太刀打ちできない。彼女のこのやり方では、問題集や過去問から漏れている内容は目にすることができないため、受験対策としては不十分ではないだろうか。

そんな質問を口にしたところ、彼女は次のように答えた。

「そもそも、試験の出題者が出したがる問題ってある程度決まっていて、誰が作っても同じような範囲から出るんじゃないかな、と思っていたんです。なので、**問題集や過去問にまったく出てこない事柄は、試験には必要ない知識だと割り切っていた。その代わり、特に過去問に関しては東大だけでなく、難関私大のも含めて徹底してやりましたよ。**問題を解いてそれで終わり、とならないように、心がけていました」。

実際、彼女は問題集と過去問をただ解くだけではなく、わからなかった問題や〝重点的に勉強した方がよい内容〟はノートに貼りつけ、教科書や資料集なども参考にしてその解説をていねいにまとめ、復習をしていたという。

根本さんの「試験に出題されやすい範囲というのはある程度決まっている」という判断は、恐らく間違っていないだろう。そして、「過去問で出てこない問題は、試験に必要のない知識」と割り切ることができるのなら、参考書を捨ててみるのもひとつの賢い手段だ。ただし、問題を解きっぱなしにすることなく、彼女のように自分でしっかり分析して重要内容をすくい上げることまでできるのなら、という条件は、十分に踏まえていただきたい。

復習重視 VS 予習重視

東大生たちに、学校や塾の授業について、「予習を重視していたか、復習を重視していたか」との質問をしたところ、約9割以上の学生が「復習重視」と回答していた。確かに、授業内容を復習して頭に定着させることこそが、王道の勉強法といえる。「復習重視」というのは、極めて常識的な考え方といえるが、さらに進んで「予習否定」派も少なからず存在する。

彼らによると、「予習は敢えてせずに新しい事柄を授業で聞き、感動をすることが大事。そうした新鮮な驚きがあると、授業内容も自然に頭に入ってくる」「どうせ授業でやる内容なのだから、前日にやっても二度手間になるだけ。意味がない」「まだ教わっていない内容をやってもわからないだけで、時間の無駄」といった考えのようで、これも一理あるといえそうだ。

一方、数少ないながらも存在する〝予習重視〟派の考え方にもうなずけるところがあり、「前もって予習をしておくと、余裕を持って授業が聞ける」「わからない点をあらかじめ把握してから授業を聞くようにすると、理解がしやすい」「一度ある程度理解した事柄だと、授業内容がよくわかるので、聞いていて楽しい」といった声が上がっている。

また、今回話を聞いたなかでは、〝予習否定〟派は、「授業はしっかり聞くもの」として、授業に重きを置いて地道に勉強するタイプが目立ち、反対に〝予習重視〟派は「学校の授業といえど、勉強を進める上での手段のひとつに過ぎない」として、学校の授業も家庭での勉強もすべて同列に考え、合理的に勉強を進めようとするタイプが多かった印象だ。

結論：予習というのは、まだ教わっていない内容でもまずは自力で当たってみよう、というある種のパワーが必要になってくるものだ。もし、新しい事柄に切り込むパワーがあるタイプなら、「予習重視」の勉強法は、間違いなくそれなりの効果が望めるはずだ。とはいえ、「予習重視」といえども、ほぼ全員が「復習もまた重視」していたことからも、勉強のキモはあくまでも〝復習〟にある、という点も、最後に付け加えておきたい。

第6章

上手にモチベーション維持！

東大生の「勉強を続けるコツ」

〝テレビを見ながら勉強〟のススメ

静かな場で集中できなければ環境を再設定

荒木肇・経済学部4年

テレビをつけながら勉強するのは一般に、あまり好ましいとされていない。実際、子どもの頃に「勉強するならテレビを消しなさい！」と、親に怒られた経験のある人も多いはずだ。

ところが、今回東大生たちに取材をしてみたところ、「テレビをつけながら勉強していた」と語る学生が、意外と見受けられたのだ。そうした学生たちに話を聞いてみると、「リビングで勉強していたので、テレビが流れているのが日常だった」として、何の疑問もなく普通に勉強している様子で、「テレビをつけながらの勉強」は、かつてほどタブー視されていないようなのである。

ちなみに今回、自室ではなく「リビングで勉強をしていた」東大生が実は多い、という事実も浮き彫りになっている。

さて、荒木肇さんも**「テレビをつけながら勉強」**していたという。彼も子どもの頃はテレビを消し、落ち着いた環境で勉強していたが、中学に入学してからやり方をガラリと変えたそうだ。

「僕の場合、集中力が長く続かないタイプで、何もない静かな環境でずっと机に向かっていると、30分ぐらいで集中力が途切れてしまうんです。それでも小学生の頃は、テレビのない静かな自分の部屋で勉強に向かうようにしていました。勉強は静かな自室でやるものだ、との固定観念があったから。でも、静かな環境でもやっぱり気が散って、集中力が30分ぐらいしか持たない（苦笑）。それなら別に、部屋にこもってやらなくてもいいんじゃないか、と思って、勉強場所をリビングに移してみたんです」

と、荒木さん。彼の家のリビングではたいていテレビがついており、そんな環境では気が散って集中できないだろう、と当初は思っていたそうだが、意外なことに、自室で勉強しているときよりもずっと長時間、勉強に向き合えたのだという。

「自室にいるときは勉強していて気が散ると、気晴らしを求めてつい机から離れてしまいましたが、リビングでは勉強に飽きても、ふと目をやればテレビがついていた。これが、僕には良かった。頻繁に気が散るけど、参考書を前にしながら何となくテレビを見るだけだから、割とすぐ勉強に戻ってきやすい。結果的には、自室にいるときよりも勉強時間がずっと長く取れるようになりました」

というわけだ。

しかし、勉強している横でテレビが流れていると、やはり騒がしいしジャマになるのではないだろうか。そんな疑問に対し、彼は次のように答えている。

「確かにテレビが流れているなかで勉強していると、たまに〝うるさいなー〟と思うこともありましたよ。そんなときは消していた。その時々の自分の気分で、そこは臨機応変に（笑）。とはいえ、ある程度以上集中すると、実はテレビの音って意外と気にならないものですよ。それに、多少うるさく感じても、それでも机の前に長く座っていられるメリットの方が、僕にとっては大きかったですし」。

どうしても集中力が途切れやすい性質の人というのは、いるものだ。そういったタイプの者からすると、どんなに静かな環境を用意してもやはり気が散ってしまう。それならむしろ荒木さんのように、たとえ気が散っても机の前に座っていることができるという点のみを重視し、固定観念に縛られずに環境を再設定するのも、ひとつの賢い手段といえるのではないだろうか。

復習重視を捨てて予習重視へ

翌日にすぐ現れる成果でやる気UP

関根純司・文学部4年

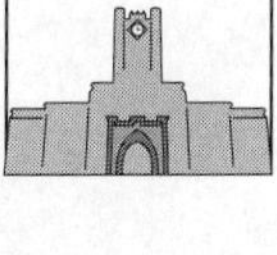

「学校の予習、復習はおろそかにしないように」とはよく言われることだが、〝復習〟を重視していたという人がやはり多いだろう。

東大生たちに話を聞いたところでも、「予習はほとんどせず、復習に力を入れていた」というタイプが多く、その理由としては、「勉強時間が限られているのだから、その日やった事柄をきちんと理解するのに時間を割くべき」「どうせ授業でやるのだから、そのときにしっかり聞けば予習はいらない」「まったく知らない事柄を教科書などで読んで自分で理解するのは復習より時間がかかるため、時間がもったいない」といった声が上がっている。

ところが、関根純司さんは、「復習から予習重視に変えた」という経験を持つ。

彼も当初はほかの学生たちと同様、予習はあまりせず、復習に力を入れていたそうだが……、

「小学校の勉強の流れで、〝勉強＝復習〟と思っていたので。でも、復習って、〝勉強した〟と、実感しづらいんですよ。誰かがチェックするわけでもないし……僕はどうしてもラクな方向に流れちゃう性格だったので、やった成果が見えづらい復習は、どうも怠けてしまいがちでしたね」

と、関根さんはいう。

しかし、そもそも復習というのは、学力にそのまま直結する。復習をしっかりやることで、定期試験や模試などの成績も確実にアップするはずだ。そして、多くの学生たちは、それを〝やった成果〟としてモチベーションアップにつなげているようだが……と、彼に聞いてみたところ、

「確かに定期試験や模試の点数という形で成果は現れますが、そこまで悠長に待っていられなかったんですよ（苦笑）。〝やった成果〟がすぐに見たかった。復習して、それがちゃんと実になっているのか、すぐに見えてこないと、どうしてもラクな方に流れて怠けてしまう。それを何とか避けたかったんです」

と答えている。

「あいつはデキる」のイメージがモチベーションに

そんなことから関根さんは、復習ではなく予習に力を入れることにしたのだとか。

「**予習の場合、しっかりやっておくと授業を聞くのが断然ラクになる。**予習がうまくできていれば、授業内容がよくわかって気持ちがいいですし。頑張った成果が、そうした形で翌日にははっきり実感できるわけです。それが予習の良さです」。と、彼はいう。

また、授業がわかりやすくなってラクになるというだけでなく、予習の思わぬメリットとして、次のような点も上げている。

「予習しておくと、授業中に手を上げてバンバン発言ができるんですよ。すると、周りから〝おまえ、頭いいな〟って言われたりして……これ、実は結構ポイントでした（笑）。周囲から、〝あいつはデキる〟と思われると、そのイメージを保ちたくて、勉強にも力が入る。やる気につながりましたよ」。

授業で習った事柄をきちんと復習して着実に知識を養う、というのは王道の手法であり、これこそが〝勉強〟といえるが、その成果は見えづらく、ゆっくりとしか現れてこないというのも事実だ。

その意味では、事前の予習は翌日すぐにも成果が見えてきて、モチベーションアップにつなげやすい。そして、関根さんのように、「頭がいい」とのイメージがつき、さらなるやる気へと結びつくという点からも、予習というのは精神面での効果が高い、といっていいだろう。

ノルマを前倒しでこなす快感で勉強計画を楽しく

自分がこなせる分量に見合った計画はNG

坂本千秋・文科1類2年

勉強計画を立て、その通りにこなしていくのは意外と大変なものだ。計画を立てるときというのは意欲に満ちているため、一日で進める分量を自分の能力以上に見積もりがちだ。結果、思った通りには進まず、せっかく立てた計画を放棄してしまった……という経験は誰しも、一度ぐらいはあるのではないだろうか。

そんなことから、細かい勉強計画はあまり立てないようにしていた、という学生も多いようだが、坂本千秋さんは〝細かく勉強計画を立てていた〟派だ。そして彼女は、計画通りというだけでなく、より先の分の勉強まで前倒しでこなしていたというのだ。そのコツは、一体どういうものなのだろうか。

「簡単なことですよ。ゆるやかに計画を立てるだけです。それも、自分がこなせる平均的な勉強量の半分ぐらい、と思い切って少なく見積もるんです。当然、ラクラクとこなせますよね。そうしたら、そこで終わりにしてしまわず、無理してほんの半ページでもいいから先に進める。一度これをやると、テンションが上がります。**〝計画よりも先にこなしている〟ということが気持ちよくて、〝もう少し進めちゃおうかな〟と、前向きな気持ちになります**」

というのが彼女の説明だ。実際、計画が前倒しでスムーズに進んでいると、勉強することと自体が楽しくなってくるそうで、

「やるべきことが多かったり、〝今日中に絶対やらなきゃならない〟っていう事柄に向き合うのは、やっぱりストレスに感じるものです。反対に、それが簡単に終えられることだったり、あるいは〝（今日のノルマはもう終わっていて）明日やることと〟だったら余裕を持って向き合える分、気楽に進められる。先に進められると楽しくなって、〝もっと頑張ろう〟という気分になる。良いリズムができるんですよ」

と、語っている。

必ずやらなくてはならない事柄と向き合うのはツライものだが、それが計画以上にスムーズに進んでいるものなら、気楽に向き合える。それを見越して、計画を立てるときは、自分のこなせる分量の半分程度のノルマを設定する……というわけで、これは勉強に限らず、仕事などでも適用できる考え方といえそうだ。

順番に暗記するのではやる気が出ない

英単語帳のページをランダムにめくってゲーム性を楽しむ　手嶋慎・教育学部4年

英単語の暗記で、市販の英単語帳をページ順に毎日少しずつ進めていた、という人は多い。その際、一度ではすぐに忘れてしまうため、何度もページを戻りながら繰り返し暗記していた、というやり方がやはり主流のようだ。

手嶋慎さんも市販の英単語帳を使い、毎日の通学電車の中で暗記を進めていたというが、彼は〝ページ順に〟〝ページを戻りながら〟暗記をしていたのではなく、ちょっと珍しいやり方を採っている。

「僕は学校まで電車で片道約1時間半かかっていたのですが、その時間は英単語帳の暗記をする、と決めていました。初めは普通に、ページ順に追っていましたが、そのやり方だと何だかつまらなくて。進めたページの分量を見て〝まだこれだけしか進んでないじゃん〟と、イヤになったりもした。少しずつ進める、ということに飽きてくるんですよね」

と、手嶋さんはいう。また、ページ順に進めていると、前のページに戻ってみたときに、「最近、暗記したはずなのに、もう忘れている」と感じてイヤ気がさすことも多く、こうしたストレスを何とかしたい、と彼は考えたそうだ。

ランダムにめくることでウンザリ感を解消

「そこで、英単語帳をページ順に前から進めていくのではなく、ランダムに開いてそのページを暗記していくようにしました。パッとページを開き、その見開きページに載っている20語ぐらいの英単語を暗記したら、また閉じて違うページを開く。これを繰り返して、覚えていくんです」

と、手嶋さん。このやり方に変えたことで、

「〝まだこれしか進んでいない〟といったウンザリ感がなくなりましたね。それに、ちょっとしたゲーム性があって、楽しいですよ。初めの頃はどのページも知らない単語だらけだけど、日が経つにつれてパッと開いたページが、わかる単語ばかりになってくる。すると、〝ちゃんと暗記が進んでいる〟って実感できて、〝よし！どこを開いても全部わかる状態にしよう〟って前向きになれましたね」

と語っている。

しかし、ランダムに開いて暗記を進めるのでは、何度も開いてしまうページや、反対にまったく開かないページというのも当然出てくるはずだ。そうしたページごとのムラは、どう対処していたのだろうか。

「毎日往復の約3時間を費やしていたおかげか、不思議と極端なムラは生じませんでしたよ。それに、毎日このやり方を続けているうちに、あまり開いていないページが、感覚的にわかるようにもなってきましたから。それで、気が向いた日には、そうしたページばかりをつぶすようにもしていた。**このやり方を始めてから3カ月ぐらい経った頃には、2000語ぐらい載っていた英単語帳のどのページも、ほぼまんべんなく暗記できた感じでしたよ**」

と、手嶋さんは語り、最後に次のように続けた。

「ページの順番に暗記していくのは飽きるし、少しずつしか進んでいかないのがツライ、という人は、ぜひランダムに開くこのやり方を試してみてください。開いたページを暗記したらそこで一度終わり、といった感じだから、遅々として進まないイライラ感や、〝昨日覚えたはずが忘れている〟といったストレスを感じずに、自分のペースで続けることができますよ」。

前へ進む力をイメージコントロールで養う

鏡に向かって「私ならできる！」

高橋有紀・教養学部3年

数多くの東大生たちに話を聞いていったなかで、彼らの共通点として強く感じたのが、〝前に進む力〟だ。受験時代のツラい勉強について話を聞いても、「とにかく、やれることはやってみた」「やるしかないから、勉強した。やらないという選択肢はなかった」「何とかなると思って前に進んだ」「できないはずがないと思っていた」といった表現が多く、そのときにやるべきことを、パワフルかつ着実に進める姿がうかがえるのだ。こうした力なくしては、やはり天下の東大合格はかなわないのだろう。

高橋有紀さんも、「勉強していてツラくても、〝できる！　まだやれる！〟と思って、取り組んでいました」というひとりだ。

そして、高橋さんが〝前に進む力〟をつけることができたのは、「朝のイメージトレーニングのおかげ」とか。それは、次の通りだ。

「スポーツのイメージトレーニングってあるじゃないですか。あれと同じように、**毎朝鏡に向かって、その日にガンガン勉強を進めて、知識がどんどん吸収されていく自分を頭にイメージするんです。また、そのときに鏡の自分に向かって、〝私ならできる！　大丈夫！　何とかやれる！〟って、実際に口に出して言っていた。**実際に口に出して自分に気合を入れると、暗示効果で自然とそういう気分になるものですよ。だまされたと思って、ぜひ試してみてください。意外と効果がありますから（笑）」。

長期間、勉強を続けていくためには、前述したような「前に進む力」を持っているかどうかというのが、大きなポイントになってくる。

そして、この「前に進む力」というのは、高橋さんのように毎日のイメージトレーニングで、〝前に進む自分〟をイメージし、考え方をプラス思考に変えることができれば、案外自然と身についてくるのかもしれない。

対策につなげて成績が落ちたことに感謝

「休んで気分一新」ではスランプは解決しない

工藤あゆみ・文科1類2年

初めは順調に成績が上がっていたのが、途中で頭打ち気味になり、いつしかスランプに陥ってしまう、といった事態は、長く勉強を続けていると、どうしても起こり得るものだ。そんなときは、「少し勉強をお休みして気分を一新させる」といった対処をしている人も多いだろう。

もちろん、このやり方も間違っていないが、工藤あゆみさんの次のような手法を参考にするのも悪くないはずだ。彼女は、不本意な点数を取ったり、あるいは勉強したのに成績がなかなか上がらない、という事態になったときには、落ち込んで休むのではなく、次のようにして意識を切り換えていたという。

「そこで休んでひと呼吸置いても、結局何も解決していないから、また勉強に戻ったときに立ち止まってしまうんですよ、私の場合は。なので、そうしたスランプに陥ったら、その原因を突き止めて対策につなげていました」。

彼女によると、例えば試験などで悪い点を取って落ち込みそうになったら、まずは冷静にその分析をしたという。その上で、「○○の理解が不十分だった」という原因を見つけたら、しばらくはその部分を強化する勉強に取り組んだのだそう。

「学校の先生が口にする、理想論のようなやり方ですよね（笑）。でも、実は気持ちの面では、これが一番ですよ。現実的な対策に転化することで、〝今回悪い成績を取ったおかげで、この対策に取り組めたのだから良かった〟という気になれます。というか、そういう気持ちになるようにしていましたね。〝○○が理解できていないから、成績も悪い。これはマズイから、何としても克服しなきゃ〟と思って勉強するよりも、〝成績が悪かったおかげで、○○の理解が不十分なことに気づけた。それが対策につながって良かったなぁ〟と考えるようにした方が、精神衛生上、良いじゃないですか」

と、工藤さんは語っている。

スランプに陥ったときには、一度休んでリフレッシュしたり、あるいはその危機感からアセッて勉強に励むよりも、冷静に対策へとつなげた方が気持ちの面でも前向きになれる、というわけである。

東大生からの「勉強アドバイス」②

☆徹夜は絶対にNG

徹夜の暗記は、長期記憶には向かない。「早い時期から長期間かけて無理なく地道に」を心がけた方がいい。長期間かけて無理なく少しずつ暗記していくと、さほど大変ではない上、記憶の定着率もいい。短期間で詰め込もうとするからツラく感じるし、忘れやすくもなる。「徹夜を重ねて短期間で一気に」という考え方は捨てるべし。

☆「受験突破」のためだけの勉強はやめる

社会に出て最も大事なのはやはり「教養」。それを満たすための勉強をしている、と考えてほしい。「受験突破」のためだけの勉強では、どうしても煮詰まってしまいがちだが、「将来に向けて必要な知識を養うため」「知的好奇心を満たすため」と思うことができれば、勉強自体に魅力が出てくるのではないだろうか。

☆湧き上がる不安にまどわされるな

受験期間中は特に、自分の勉強の上での弱点やわからない事柄を前にすると不安になるけど、実はそうした心配というのを受験生は大きく見積もりがち。浮かび上がる不安にまどわされず、できない事柄をひとつひとつクリアしていけばいいだけのこと、と思い切るのが大事。周りの受験生たちも、一部の天才を除いてみんな、自分と同年代の子なのだから、妙にアセらずやるべきことを淡々とこなしていけば、きっと大丈夫、と自分を信じてほしい。

☆知識が増えたことを純粋に喜ぼう

成績に一喜一憂し、勉強のツラさばかりを嘆かずに、その日に勉強したことで知識が増えたという事実を喜ぶような考え方をしてほしい。わからない問題が1コ減り、知識が1コ増えたことを喜びながら少しずつ勉強していった方が気持ちの面でもラクだし、自分のペースで長い受験期間を進んで行けるはず。

本書は、書き下ろし作品です。

編著者紹介
東大家庭教師友の会（とうだいかていきょうしとものかい）
1992年、東京大学の学生有志によってスタート。現在、現役東大生8400人が登録し、家庭教師の派遣事業を展開。そのほか塾や学校への講師紹介、各種学習系コンテンツ作成など、精力的な活動を続ける。
東大家庭教師友の会名義の書籍として、『東大生が選んだ勉強法』『東大生が育つ家庭のルール』（以上、PHP文庫）、『東大生が選んだ「英語」勉強法』『東大生の中学時代』『東大生が選んだ一冊』（以上、PHP研究所）、『東大生の知恵袋』（宝島社）、『東大家庭教師が教える かんたん!!数学検定3級セミナー』（技術評論社）などがある。
※本文中に登場する学生の名前はすべて仮名です。

PHP文庫　東大生が捨てた勉強法
なぜ彼らは「あのやり方」をやめたのか

2014年8月19日　第1版第1刷

編著者	東大家庭教師友の会
発行者	小林成彦
発行所	株式会社PHP研究所

東京本部　〒102-8331 千代田区一番町21
文庫出版部　☎03-3239-6259（編集）
普及一部　☎03-3239-6233（販売）
京都本部　〒601-8411 京都市南区西九条北ノ内町11
PHP INTERFACE　http://www.php.co.jp/

組版	朝日メディアインターナショナル株式会社
印刷所 製本所	図書印刷株式会社

ISBN978-4-569-76213-5

PHP文庫好評既刊

東大生が選んだ勉強法

「私だけのやり方」を教えます

東大家庭教師友の会 編著

「覚えた本は捨てて記憶する」など、記憶術から読書法、時間の使い方まで、難関を突破した学生達の〝すごい勉強法〟を一挙公開する。

定価 本体四七六円(税別)